Eric Toledano, Olivier Nakache

Intouchables

Dossier pédagogique par Bärbel Herzberg
et Eva Weber

D1726872

Ernst Klett Sprachen
Stuttgart

Dieses Dossier begleitet den Film *Intouchables* sowie das beim Verlag Ernst Klett Sprachen GmbH erschienene Drehbuch zum Film. *Intouchables. Scénario original.* ISBN 978-3-12-598436-3

Bildliste

18.1 Tenefilms; **18.5** Medusa Film spa, Gruppo Mediaset, Roma; **18.4** Senator Entertainment AG, Berlin; **18.3** images.de digital photo GmbH (Quad Productions / The Kobal Collection), Berlin; **18.2** A contracorriente Films S. L., BARCELONA; **22, 23, 24, 25, 26, 27, 28, 29, 44, 46, 54, 56, 58, 59, 69, 71, 75, 84, 88, 91, 92, 93, 102** (Standbilder aus dem Film), Ten Films; **45** Arche en France (Jean-Marie Renard), Paris; **53.1** iStockphoto (Daniel Cardiff), Calgary, Alberta; **53.4** Thinkstock (Jupiterimages), München; **53.5** Fotolia.com (Patrizia Tilly), New York; **53.6** iStockphoto (Jacob Wackerhausen), Calgary, Alberta; **53.2** Fotolia.com (ExQuisine), New York; **53.3** Fotolia.com (Pressmaster), New York; **55** Fotolia.com (M. Rosenwirth), New York; **68** HamburgGolden Olive Design (Maren Kaschner), Hamburg; **73** Der Spiegel, Hamburg; **75, 76** iStockphoto (Fonikum), Calgary, Alberta; **105** ddp images GmbH (Sipa/Bisson), Hamburg; **106** Nicolas Pasco, Paris; **108.1** iStockphoto (Marcela Barsse), Calgary, Alberta; **108.2** Fotolia.com (Albachiaraa), New York; **109** Ray Clid, Poissy; **113** Jean Miaux, Anglet

1. Auflage   1⁷ ⁶ ⁵ ⁴ ³ | 2018 17 16 15 14

© Ernst Klett Sprachen GmbH, Rotebühlstraße 77, 70178 Stuttgart 2013. Alle Rechte vorbehalten.

Internetadresse: www.klett.de / www.lektueren.com

Redaktion: Elena Bergmann
Layoutkonzeption: Elmar Feuerbach
Gestaltung und Satz: DOPPELPUNKT, Stuttgart
Illustrationen Seite 101: Oliver Lucht, Pfeffer und Salz, Freiburg
Umschlaggestaltung: Elmar Feuerbach
Titelbild: Interfoto (NG Collektion), München
Druck und Bindung: Medienhaus Plump GmbH, Rolandsecker Weg 33, 53619 Rheinbreitbach
Printed in Germany

ISBN 978-3-12-598438-7

Inhaltsverzeichnis

Module 1 Autour du film

Module 2   L'amitié

Module 3 Le bonheur

Module 4 Être handicapé

Module 5 La banlieue

Module 6 Au-delà du film

Vorschläge zur Leistungsmessung

Vorwort

Mehr als 48 Millionnen Zuschauer weltweit haben „Intouchables" gesehen. In deutscher Übersetzung „Ziemlich beste Freunde" ist der Film der französische Überraschungserfolg der letzten Jahre. Er erhielt zahlreiche Auszeichnungen – darunter den César für Omar Sy als bester Hauptdarsteller.

Die Komödie der Regisseure Olivier Nakache und Eric Toledano handelt von der Entstehung einer tiefen Freundschaft zwischen zwei grundverschiedenen Männern aus zwei grundverschiedenen Welten. Die Protagonisten – der adelige, querschnittsgelähmte Philippe und der aus einem sozial schwachen Vorort von Paris stammende, gerade aus dem Gefängnis entlassene Driss – werden von François Cluzet und Omar Sy überzeugend dargestellt. Der Film lebt neben der rührenden, auf einer wahren Geschichte beruhenden Handlung von der überragenden Leistung dieser Schauspieler.

„Intouchables" bringt die Zuschauer zum Lachen und zum Weinen, er regt dazu an, unbeschwert und nachdenklich zu sein, er schafft es, viele Facetten der menschlichen Existenz zu thematisieren und macht glücklich. Er spricht die Menschen an, egal ob sie alt sind oder jung, männlich oder weiblich, arm oder reich, egal, welcher Kultur oder Religion sie angehören.

Bezogen auf den Französischunterricht lässt sich der Film thematisch in folgende Kategorien einordnen: „L'amitié", „Le bonheur", „La banli␣ue", „Paris", „L'individu et la société", „Les défis de l'homme moderne", „Le handicap", „La santé", etc. Die vorliegende Lehrerhandreichung unterbreitet viele verschiedene Vorschläge, den Film im Unterricht zu behandeln. So richtet sie sich sowohl an die Mittel- als auch an die Oberstufe und schlägt verschiedene Parcours vor, welche durch Parameter, wie Klassenstufe, zeitlicher Umfang der Unterrichtseinheit und thematische Schwerpunkte, bestimmt werden.

Die Vorschläge gliedern sich in Aktivitäten vor, während und nach dem Zeigen des Films sowie in themenübergreifende und themenspezifische Aktivitäten, welche alle von Kopiervorlagen mit Arbeitsanweisungen begleitet werden. Die Aufgaben werden in dem Kapitel „Übersicht über die Unterrichtseinheit" erläutert. Die Lösungsvorschläge zu den Aufgaben auf den Kopiervorlagen finden Sie auf www.klett.de unter dem Online-Code 4ha27u.

Online-Code 4ha27u

Die Kopiervorlagen enthalten sehr viele schüleraktivierende mündliche und schriftliche Aufgaben, Aufgaben zur Mediation und Zusatztexte mit weiterführenden Informationen sowie schriftliche Aufgabenstellungen, welche die drei Anforderungsbereiche des Abiturs abdecken.

Für die Kompetenzen Hörsehverstehen, Lesen (vor allem bei Einsatz des Drehbuches), Sprechen und Schreiben werden in ausgeglichenem Umfang Aktivitäten vorgeschlagen, so dass Sie je nach gewünschtem Schwerpunkt eine Auswahl daraus treffen können.

Übersicht über die Unterrichtseinheit

Das Dossier enthält zahlreiche Kopiervorlagen mit Aktivitäten zum Film. Diese sind in 6 Module unterteilt:

1. Activités autour du film
2. L'amitié
3. Le bonheur
4. Être handicapé
5. La banlieue
6. Au-delà du film

Je nachdem, in welcher Klassenstufe Sie den Film behandeln möchten bzw. wie viele Unterrichtsstunden Ihnen für die Unterrichtseinheit zur Verfügung stehen, schlagen wir Ihnen verschiedene „Fahrpläne" vor, aus denen Sie den für Ihre Klasse passenden wählen können. Je nach Schwerpunkt der Betrachtung und didaktisch-methodischen Vorlieben von Ihnen und Ihren SuS können auch andere Zusammenstellungen der KVs und/oder eine andere Reihenfolge der Behandlung sinnvoll sein.

1. Minimalfahrplan für die Mittelstufe

Hauptsächlich Aufgaben zum Inhalt und Verständnis sowie zur Rezeption des Films

KV 1.2 Les différentes affiches du film
KV 1.3 Le film en bloc
Ausgewählte Aktivitäten der KVs 1.4 bis 1.9
KV 1.21 Le titre « Intouchables »
KV 6.4 L'histoire vraie du film

Bei allen übrigen Kopiervorlagen kennzeichnet das Symbol ▼ einen geringeren Schwierigkeitsgrad und damit schon in der Mittelstufe möglichen Einsatz.

2. Minimalfahrplan für die Oberstufe

Hauptsächlich Aufgaben zum Inhalt und Verständnis sowie zur Rezeption und Kritik des Films

KV 1.2 Les différentes affiches du film
KV 1.3 Le film en bloc
Ausgewählte Aktivitäten der KVs 1.4 bis 1.9
KV 1.21 Le titre « Intouchables »
KV 6.4 L'histoire vraie du film
KV 6.7 Les effets sur le comportement des spectateurs
KV 6.11 Le débat autour du film

3. Maximalfahrplan (Oberstufe)

- Aufgaben zum Inhalt und Verständnis sowie zur Rezeption und Kritik des Films
- Behandlung des Films unter gleichmäßiger Berücksichtigung aller Themen

Autour du film

KV 1.2 Les différentes affiches du film
KV 6.2 Le début du film
KV 1.3 Le film en bloc
KV 1.21 Le titre « Intouchables »
Ausgewählte Aktivitäten der KVs 1.4–1.9

2. L'amitié

KV 2.3 L'ABC de leur amtié
KV 2.4 Les caractères
KV 2.5 Leur amitié
KV 2.7 Ce qu'ils pensent l'un de l'autre

3. Le bonheur

KV 3.5 Philippe heureux/malheureux
KV 3.7 Philippe et Driss heureux II
KV 3.8 Une fin heureuse

4. Être handicapé

KV 4.4 La nouvelle vision du monde d'un handicapé
KV 4.7 Médiation : une interview avec Philippe Pozzo di Borgo et Samuel Koch
KV 4.8 Rire sur les handicapés ?

5. La banlieue

KV 5.3 La vie en banlieue
KV 5.6 Le trajet d'un monde à l'autre
KV 5.7 Le contraste
KV 5.9 Le langage
(KV 5.5 Le tournage du film)

6. Au-delà du film

KV 6.3 La scène de parapente
KV 6.4 L'histoire vraie du film
KV 6.5 Une interview avec l'acteur Omar Sy
KV 6.6 Le succès du film
KV 6.7 Les effets sur le comportement des spectateurs
KV 6.8 Médiation : les bénéfices pour l'association
KV 6.9 Juger des critiques
KV 6.10 Écrire une critique de film
KV 6.11 Le débat autour du film

4. Thematischer Schwerpunkt

Minimalfahrplan + eines der Module 2–5

Referate

Zusätzlich zu den Arbeitsaufträgen für die ganze Klasse finden Sie in den Modulen auch Arbeitsaufträge, die sich als Referats- / Präsentationsthemen für einzelne SuS oder Kleingruppen eignen. Dabei handelt es sich um die folgenden Themen:

- Filme zum Thema Glück

- les émeutes de 2005 (KV 5.2)

- la banlieue Beaugrenelle (KV 5.4)

- la banlieue Bondy (KV 5.5)

- l'association « Simon de Cyrène » (KV 4.9)

- le succès du film (KV 6.6)

1 Autour du film

Die folgenden Vorschläge entsprechen dem didaktischen Dreischritt der activités avant – pendant – après le visionnage. Sie drehen sich um die Filmhandlung im Allgemeinen.

Avant le visionnage

Kopiervorlage 1.1 ▼

Vocabulaire
Ziele
* den SuS nützliches Vokabular für dieses Modul bereitstellen, sodass sie ihren aktiven Wortschatz erweitern

Erläuterungen
Diese Zusammenstellung wichtiger Vokabeln soll es den SuS erleichtern, über den Film zu sprechen und die Arbeitsaufträge dieses Moduls zu bearbeiten. Die KV wird also optimalerweise zu Beginn der Unterrichtseinheit ausgeteilt und z. B. bis zu einem bestimmten Termin als Lern-Hausaufgabe gegeben.

Kopiervorlage 1.2 ▼
Sprechen

Les différentes affiches du film
Ziele
* Erwartungshaltung aufbauen und Interesse am Film wecken (für die SuS, die den Film schon kennen, zumindest eine Erwartungshaltung auf die folgende Unterrichtseinheit und die genauere Behandlung des Films)
* interlinguale Wortschatzarbeit: Wörter aus anderen Sprachen rezeptiv verstehen

Sozialformen
* Gruppenarbeit, dann Unterrichtsgespräch

Erläuterungen
Die Klasse wird in drei Gruppen eingeteilt, die jeweils eine Frage als Arbeitsauftrag bearbeiten, sich Notizen dazu machen und ihre Ergebnisse anschließend der Klasse vorstellen. Am Ende wird im Plenum abgestimmt, welchen Plakattyp (der französische oder der deutsche) die SuS insgesamt gesehen besser finden (*Quelle affiche vous plaît le plus / vous fait le plus envie de regarder le film ?*) Dabei kann diskutiert werden, ob eher viel oder wenig Vorinformation das Interesse an einem Film weckt.

Übersetzung des italienischen Texts: „Der meist gesehene Film aller Zeiten in Frankreich. Zum Kaputtlachen. Eine Freundschaft, die das Herz berührt und erobert."

Übersetzung des spanischen Texts: „Die Komödie mit mehr als 18 Millionen Zuschauern in Frankreich. 10 Wochen lang Nummer 1 an den französischen Kinokassen."

Pendant le visionnage

Im Folgenden werden verschiedene Aufgaben vorgeschlagen, um den Film als „déclencheur de paroles", d.h. als motivierenden Schreib- und Sprechanlass zu nutzen. Erfahrungsgemäß reagieren SuS jedoch unwillig, wenn das Ansehen des Filmes zu oft unterbrochen wird. Es empfiehlt sich also, je nach Lerngruppe aus dem Aufgaben-Pool nur einzelne Aktivitäten auszuwählen und dazwischen einen längeren Abschnitt des Filmes ohne Pause anzusehen. Beispielsweise werden auf KV1.9 unterschiedliche Aktivitäten vorgeschlagen, die sich auf jeweils eine kurze Filmszene beziehen. Diese Aufgaben müssen jedoch nicht alle „abgearbeitet werden", sondern die Lehrkraft entscheidet sich für eine einzige dieser Aktivitäten und unterbricht den Film nur an dieser Stelle.

Bei den einzelnen Aktivitäten sind entweder die jeweilige Filmsequenz und Drehbuchabschnitt angegeben, wenn sich die Aufgaben auf eine bestimmte Szene beziehen, oder es wird angezeigt, bis zu welcher Stelle man den Film zeigen kann, bevor die Aktivität zum Einsatz kommt.

Da der Film in Deutschland sehr bekannt ist und viele der SuS ihn bereits im Kino oder auf DVD gesehen haben, finden sich bewusst keine Aufgaben zum Imaginieren der weiteren Handlung; stattdessen beziehen sie sich vorrangig auf Leerstellen der Handlung. Außerdem sind im Folgenden auch keine rein analytischen Aufgaben zur Überprüfung des Hör-Seh-Verständnisses aufgeführt. Dies erfolgt dann im Zusammenhang mit den thematischen Modulen.

Le film en bloc

Ziele

- einen Überblick über die Figuren und Orte des Films bekommen
- eigene Empfindungen / Einschätzungen äußern

Sozialformen

- Einzelarbeit

Erläuterungen

Diese Kopiervorlage wird vor Beginn des Filmansehens ausgeteilt und von den SuS während und nach dem Ansehen ausgefüllt. Als (Binnen-)Differenzierung bietet es sich an, den unten stehenden Kasten mit den Wendungen für leistungsstärkere SuS nicht mitzukopieren bzw. wegklappen zu lassen.

Als Variante kann auch vor Beginn des Films je eine Rollenkarte arbeitsteilig an jeweils einige SuS vergeben werden, die dann die „Paten" für diese Figur sind, sich während des Ansehens besonders auf diese Person konzentrieren und danach der Klasse diese Figur vorstellen.

Kopiervorlage 1.3 ▼
Schreiben

Kopiervorlage 1.4 ▼

L'entretien d'embauche

Filmsequenz: 0:06:27 – 0:11:38
Drehbuch: 4–7

(Dialogisches) Sprechen

Ziele

- über (un)angemessenes Präsentieren bei einem Vorstellungsgespräch reflektieren
- das Ansehen der folgenden Szene vorbereiten
- Sprechfertigkeit trainieren

Sozialform

- Partnerarbeit

Erläuterungen

Die Hälfte der Klasse erhält den Arbeitsauftrag A, die andere Hälfte den Arbeitsauftrag B. Die SuS bereiten in Partnerarbeit ihren Dialog vor. Anschließend werden Vierergruppen gebildet, die aus je zwei SuS der Gruppe A und zwei SuS der Gruppe B bestehen. Nun spielen sich die beiden Schülerpaare ihre Dialoge vor. Das jeweils zuhörende Schülerpaar macht sich Notizen zu Inhalt und Sprachrichtigkeit und gibt anschließend Rückmeldung.

Vor dem anschließenden Ansehen der Bewerbungsgespräche im Film bietet sich folgender Beobachtungsauftrag an: *Quelles sont les motivations des candidats pour l'emploi ?* An dieser Stelle ist auch das (anschließende) Lesen der Szene im Drehbuch hilfreich.

Kopiervorlage 1.5 ▼

Les pensées de Driss

Filmsequenz: bis 0:21:37

Schreiben

Ziele

- sich in die Lage von Driss hineinversetzen
- die bisher gesehene Handlung rekapitulieren

Sozialform

- Einzelarbeit

Erläuterungen

Die SuS schreiben den inneren Monolog in Stillarbeit. Die Lehrkraft kann evtl. die Mindestanzahl der Sätze vorgeben und betonen, dass auch Begründungen im Text enthalten sein müssen.

Alternativ kann diese Aktivität auch rein mündlich erfolgen. Die SuS erhalten dann zuerst einige Minuten Bedenkzeit in Stillarbeit, während der sie Stichworte notieren können, und tragen anschließend ihren inneren Monolog dem Nachbarn vor.

Les opinions sur Driss

Filmsequenz: bis 0:36:04

Kopiervorlage 1.6 ▼

Ziele

Schreiben

- sich in die Figuren hineinversetzen
- die bisher gesehene Handlung rekapitulieren

Sozialform

- Einzelarbeit

Erläuterungen

Die SuS notieren die Meinungen der einzelnen Personen mit ihrer jeweiligen Begründung.

Alternativ kann diese Übung auch mündlich erfolgen, dann tragen die SuS nach einer Überlegungszeit in Stillarbeit die Gedanken der Figuren in Ich-Form ihrem Nachbarn vor.

La conversation nocturne

Filmsequenz: 0:43:01 – 0:46:43

Kopiervorlage 1.7 ▼

Drehbuch: 38

Ziele

(Dialogisches) Sprechen

- die Handlung dieser Szene rekapitulieren
- Sprechfertigkeit trainieren

Sozialform

- Partnerarbeit

Erläuterungen

Da diese Unterhaltung im Café eine wichtige Rolle im Film spielt, bietet es sich an, diese Szene von den SuS nachspielen zu lassen. Dazu wird die Klasse in zwei Gruppen geteilt (z. B. übernimmt jeder links sitzende SuS die Rolle von Driss und jeder rechts sitzende die von Philippe, analog zu dem Foto) und jeder SuS erhält den Auftrag, sich während des Ansehens der Szene stichpunktartig wichtige Schlüsselwörter für seine Rolle zu notieren. Anschließend sollen die SuS in Partnerarbeit mithilfe ihrer Notizen das Gespräch nachspielen.

Als zusätzliche Vorbereitung kann das Verständnis der Szene mit dem Hörsehverstehens-Test (siehe Kopiervorlage 7.1) gesichert werden.

Kopiervorlage 1.8 ▼

La lettre
Filmsequenz: bis 0:49:27
Drehbuch: 42

Schreiben (*écriture créative*)

Ziele
- den Unterschied zwischen verschiedenen Stil- und Sprachebenen bewusstmachen
- für Philippes gekünstelten Stil sensibilisieren
- Kreativität fördern

Sozialformen
- Einzel- oder Partnerarbeit

Erläuterungen
Die Klasse wird in drei Untergruppen aufgeteilt; jeder schreibt alleine (Alternative: in Partnerarbeit) einen Brief im Stil des Arbeitsauftrags. Nach der Schreibphase werden Dreiergruppen gebildet, die aus je einem/r Schüler/in jeder Untergruppe bestehen. Die SuS lesen sich dann gegenseitig ihre Briefe vor und vergleichen sie.

Kopiervorlage 1.9 ▼

Écrire et parler du film
Ziele

Sprechen (Beschreiben, Erzählen)

Sprechen (dialogisch und monologisch)

Schreiben (*écriture créative*)

- Personenbeschreibung üben
- Leerstellen des Films füllen
- Kreativität fördern
- Sprechfertigkeit trainieren
- sich in die Filmfiguren hineinversetzen

1. Les invités (Filmsequenz: bis 1:01:22)
Sozialform
- Partnerarbeit

Erläuterungen
Nach einer Überlegungsphase in Stillarbeit beschreiben die SuS ihrem jeweiligen Banknachbarn die Person und dieser muss raten, um wen es sich handelt. Da die Personen sich relativ ähnlich sehen, wird hier das genaue, detaillierte Beschreiben geübt. Dann erfindet der SuS eine Identität für diese Person. Anschließend kann im Plenum ein Zusammentragen im Blitzlichtverfahren erfolgen, d. h. mehrere bzw. alle SuS (je nach Klassengröße) stellen kurz die Identität einer Person vor.

2. Elisa désespérée (Filmsequenz: bis 1:04:27)
Drehbuch: 51

Sozialform
- Partnerarbeit

Erläuterungen
An dieser Stelle sollen die SuS eine Leerstelle des Filmes füllen: Was ist konkret zwischen Elisa und ihrem Freund Bastien passiert, was zur Trennung geführt hat? Sie sollen also eine zusätzliche Filmszene erfinden, die vor Elisas Unterhaltung mit

Driss stattgefunden hat. Da die SuS ähnlich alt wie Elisa sind und teilweise wohl schon eine ähnliche Situation in ihrem Alltag erlebt haben, bietet dieses Rollenspiel hohes Identifikationspotential.

Die SuS bereiten in Partnerarbeit den Dialog vor, indem sie Ideen sammeln, einzelne Schlüsselwörter notieren und das Gespräch proben. Anschließend bietet es sich wieder an, Vierergruppen zu bilden, sodass jeweils zwei SuS den anderen beiden ihren Dialog vorspielen und die beiden Zuhörer Rückmeldung zu Inhalt und Sprachrichtigkeit geben.

Anschließend kann im Plenum besprochen werden, aus welchen Gründen Bastiens Trennung von Elisa im Film nicht gezeigt wird (z.B. weil das für die Haupthandlung mit Philippe – Driss unwichtig ist, weil die Fantasie des Zuschauers angeregt werden soll, weil das nicht zum Anspruch einer lustigen Komödie passen würde usw.)

3. Le tableau (Filmsequenz: 1:04:27 – 1:05:00)
Drehbuch: 52

Sozialform
- Gruppenarbeit

Erläuterungen
Die SuS erhalten zunächst Zeit zur Vorbereitung: Die beiden SuS, die dieselbe Person spielen, lesen die Szene im Drehbuch nach, notieren (in Stichpunkten) mögliche Gedanken und markieren mit Sternchen, an welchen Stellen diese eingeschoben werden sollen. Das Schülerpaar für Philippe muss sich außerdem weitere passende Sätze für das Gespräch überlegen. Dann wird die Szene in Vierergruppen gespielt. Als Abschluss kann die „conversation coupée" von einer Gruppe im Plenum vorgeführt werden.

4. Après l'anniversaire (Filmsequenz: bis 1:09:54)
Sozialform
- Einzelarbeit

Erläuterungen
Das Endprodukt des Arbeitsauftrages ist entweder ein schriftlicher Text, der in Einzelarbeit (Alternative: Partnerarbeit) erstellt wird, oder ein rein mündlicher Monolog, d.h. nach einer Vorbereitungszeit in Stillarbeit (zum Notieren von Stichpunkten) trägt jeder SuS seinem Banknachbarn den Monolog in Ich-Form vor.

5. Philippe nerveux (Filmsequenz: bis 1:13:05)
Drehbuch: 58+60

Sozialform
- Einzelarbeit

Erläuterungen
Die Bearbeitung des Arbeitsauftrag kann wieder entweder schriftlich oder mündlich (Vorbereitungszeit zum Notieren von Stichpunkten, danach dem Nachbarn vortragen) erfolgen.

6. L'histoire de Driss (Filmsequenz: 1:22:44 – 1:25:53)
Drehbuch: 76

Sozialform

* Partnerarbeit

Erläuterungen

Nach dem Ansehen der Filmszene empfiehlt es sich, zunächst im Plenum durch verschiedene Kontrollfragen das Verständnis zu sichern und die Szene im Drehbuch nachzulesen, bevor der Arbeitsauftrag in Partnerarbeit bearbeitet wird. Möglich ist auch eine Vorbereitungszeit in Gruppen oder Schülerpaaren mit jeweils derselben Rolle (Philippe oder Elisa) zum Notieren von Stichpunkten vor dem Spielen des eigentlichen Dialogs.

Kopiervorlage 1.10 ▼

La description des photos
Filmsequenz: bis 1:27:46

Ziele

* genaue Bildbeschreibung üben
* Sprechfertigkeit trainieren

(Monologisches) Sprechen (Beschreiben)

Sozialformen

* Partnerarbeit

Erläuterungen

Für diese Aufgabe setzt sich jede/r zweite SuS gegenüber von seinem Banknachbarn mit dem Rücken zur Tafel-Wand hin, dann wird das erste Bild (zusätzlich) als Overheadfolie gezeigt, sodass der/die SuS auch die entsprechenden Farbadjektive bei seiner Bildbeschreibung verwenden kann. Die farbigen Standbilder aus dem Film finden Sie auf www.klett.de unter dem Online-Code gb82px. Das Skizzieren des Banknachbarn stellt eine unmittelbare Rückmeldung da, ob die Beschreibung genau genug war. Dann werden für das zweite Foto die Rollen getauscht. Alternativ kann auch nur die Schwarz-Weiß-Kopiervorlage mit den Fotos ausgeteilt und damit auf die Reaktivierung der Farbadjektive verzichtet werden.

Online-Code gb82px

Kopiervorlage 1.11 ▼

La lettre de candidature de Driss
Filmsequenz: 1:34:03 – 1:35:29
Drehbuch: 87

Schreiben

Ziele

* Leerstellen des Films füllen
* Konventionen der Textsorte „offizieller Brief" bzw. „Bewerbungsschreiben" reaktivieren und einüben

Sozialformen

* Einzel- oder Partnerarbeit

Erläuterungen

In der Filmszene werden nur folgende Elemente von Driss' Bewerbungsschreiben zitiert: « Driss n'a le permis que depuis un mois. Son évaluation personnelle : pragmatique ». Die restlichen Elemente können sich die SuS selbst ausdenken.

Le rendez-vous de Philippe
Filmsequenz: bis 1:43:50

Kopiervorlage 1.12 ▼

Ziele

(Dialogisches) Sprechen

- Leerstellen des Films füllen
- sich in die Figuren hineinversetzen
- Sprechfertigkeit trainieren

Sozialform

- Partnerarbeit

Erläuterungen

Die Dialoge werden nach einer Vorbereitungszeit in Stillarbeit mit dem Banknachbarn geprobt und dann wieder in Vierergruppen gegenseitig vorgespielt.

Après le visionnage

La critique rapide
Ziele

Kopiervorlage 1.13 ▼
Schreiben

- seine eigene Meinung zum Film äußern und kurz begründen

Sozialform

- Einzelarbeit

Erläuterungen

Als erstes Kurzfeedback der SuS, wie ihnen der Film gefallen hat, bietet sich eine „Abfrage" im Plenum an: Der Lehrer zeigt nacheinander mit seinen Händen die Schulnoten von 6 bis 1 oder 1 bis 5 Sterne oder fährt mit dem Finger auf dem großen (Tafel-)Lineal langsam von unten (= 0) nach oben; die SuS melden sich oder stehen auf an dem Punkt, der ihrer Meinung für den Film entspricht. Anschließend verfassen sie eine Kurzbewertung im Stil von Internetseiten wie www.allocine.fr, indem sie eine Anzahl von Sternen ausmalen und die Begründung dafür schriftlich kurz erläutern.

Les mots croisés
Ziele

Kopiervorlage 1.14 ▼
Schreiben

- die Handlung des Films rekapitulieren

Sozialformen

- Einzel- oder Partnerarbeit

Erläuterungen

Die Fragen des Kreuzworträtsels sind bewusst überwiegend einfach gehalten und damit auch für die Mittelstufe geeignet. Im Anschluss an die Ergebnissicherung bietet es sich an, im Unterrichtsgespräch den Lösungssatz und seinen Bezug zum Film zu thematisieren (*Ce proverbe se montre-t-il aussi dans le film ?*)

Kopiervorlage 1.15 ▼
Sprechen

Les citations du film (Tandembogen)
Ziele
* die Handlung des Films rekapitulieren

Sozialform
* Partnerarbeit

Erläuterungen

Als Filmzitate wurden bewusst markante, leicht zu erkennende Sätze gewählt, da der Text ja nicht gelesen, sondern nur nebenbei gehört wurde. Damit ist dieser Tandembogen auch in der Mittelstufe einsetzbar. Um den Film als Gesamtes nochmals Revue passieren zu lassen, wurden die Zitate in chronologischer Reihenfolge angeordnet.

Kopiervorlage 1.16 ▼
Lesen

Le titre « Intouchables »
Ziele
* über den Filmtitel und seine Bedeutungsvielfalt reflektieren

Sozialform
* Unterrichtsgespräch

Erläuterungen

Mit dieser KV wird ein Bogen geschlagen zurück zum Anfang des Moduls mit dem Vergleich der Filmtitel (KV 1.1).

Zu Beginn der Unterrichtsstunde stellt der Lehrer die Frage, warum der Film den Titel „Intouchables" trägt. Gemäß der Methode Think – Pair – Share (d. h. zuerst überlegt jeder SuS für sich, dann tauscht er sich mit dem Nachbarn aus, dann werden die Ideen im Plenum zusammengetragen) werden verschiedene Erklärungen gesammelt. Anschließend werden die Zusatztexte gelesen und zur Verständnissicherung die zentralen Aussagen in einem Schaubild zusammengefasst. Danach kann im Unterrichtsgespräch, jetzt mit Kenntnis des gesamten Films, diskutiert werden, ob der französische Titel besser geeignet ist als der deutsche und warum (nicht).

Le vocabulaire : Pour raconter l'histoire du film

intouchable	unberührbar
toucher qn/qc (→ *anglais* : to touch)	jdn/etw berühren
un excès de vitesse	eine Geschwindigkeitsüberschreitung
poursuivre qn : je poursuis, nous poursuivons, ils poursuivent, j'ai poursuivi	jdn verfolgen
un, e handicapé, e ; être handicapé, e	ein(e) Behinderte(r) ; behindert sein
un, e tétraplégique	ein(e) Querschnittsgelähmte(r)
un fauteuil roulant	ein Rollstuhl
un, e aristocrate	ein(e) Aristokrat(in)
aisé, e	wohlhabend
un homme d'affaires	ein Geschäftsmann
un hôtel particulier	ein Stadtpalais, vornehmes Privathaus
le luxe	der Luxus
luxueux, luxueuse	luxuriös
un entretien d'embauche	ein Vorstellungsgespräch
un auxiliaire de vie	eine Pflegekraft
soutenir qn	jdn unterstützen
un soutien	eine Unterstützung
un, e banlieusard, e	ein(e) Vorstadtbewohner(in)
une HLM (= une habitation à loyer modéré)	eine Sozialwohnung
être marginalisé, e	ausgegrenzt, am Rande der Gesellschaft sein
un chômeur, une chômeuse	ein(e) Arbeitslose(r)
le chômage ; être au chômage	Arbeitslosigkeit ; arbeitslos sein
l'A.N.P.E. *f*	das Arbeitsamt
une allocation chômage	ein Arbeitslosengeld
les ASSEDIC *f*	die Arbeitslosenversicherung
un milieu social défavorisé	ein sozial schwaches Milieu
avoir un casier judiciaire	vorbestraft sein
kiffer qn/qc fam	auf jdn/etw abfahren, auf jdn stehen
la compassion	das Mitleid
une amitié par correspondance, une relation épistolaire	eine Brieffreundschaft
un tableau, des tableaux	ein Gemälde
le parapente	das Paragliding, Gleitschirmfliegen
faire une mauvaise chute (en parapente)	schwer stürzen (beim Paragliding)
le désespoir	die Verzweiflung
être désespéré, e	verzweifelt sein
la confiance	das Vertrauen ;
avoir confiance en qn	jdm vertrauen
un, e confident, e	ein(e) Vertraute(r)
s'aider mutuellement	sich gegenseitig helfen

Les différentes affiches du film

Regardez les affiches du film de plusieurs pays et dites de quelle langue il s'agit. En groupes, discutez des questions suivantes et notez vos résultats.

Groupe 1 : Comparez les titres. Quelles informations est-ce qu'ils donnent sur le contenu du film ? À votre avis, quel titre est le meilleur et pourquoi ?

Groupe 2 : Comparez les photos. Quelles informations est-ce qu'ils donnent sur le contenu du film ? À votre avis, quelle photo est la meilleure et pourquoi ?

Groupe 3 : Comparez les autres informations. Pourquoi est-ce qu'on les a mises sur l'affiche ?

1

2

3

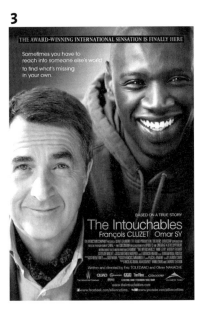

4

5

Le film en bloc

1. *Pendant le visionnage du film, complétez les informations sur les personnages principaux.*

Philippe

son rôle dans le film : _____

son âge : _____

son apparence physique : _____

_____

son caractère : _____

_____

Driss

son rôle dans le film : _____

son âge : _____

son apparence physique : _____

_____

son caractère : _____

_____

Magalie

son rôle dans le film : _____

son âge : _____

son apparence physique : _____

_____

son caractère : _____

_____

Yvonne

son rôle dans le film : _____

son âge : _____

son apparence physique : _____

_____

son caractère : _____

_____

Antoine

son rôle dans le film : _____

son âge :_____

son apparence physique :_____

_____

son caractère :_____

_____

Adama

son rôle dans le film : _____

son âge :_____

son apparence physique :_____

_____

son caractère :_____

_____

Eléonore

son rôle dans le film : _____

son âge :_____

son apparence physique :_____

_____

son caractère :_____

_____

Elisa

son rôle dans le film : _____

son âge :_____

son apparence physique :_____

_____

son caractère :_____

_____

2. L'échelle de sympathie

Quels personnages trouvez-vous sympathiques, lesquels plutôt antipathiques ? Écrivez les noms des personnes à la place adéquate de l'échelle.

⟵――――――――――――――――――――――――――――――――――⟶

très antipathique   très sympathique

3. *Quels sont les principaux lieux de l'action ?*

_____

_____

4. *À votre avis, quelles scènes sont les plus amusantes ?*

_____

_____

_____

5. *Qu'est-ce que vous avez aimé dans ce film ?*

_____

_____

6. *Qu'est-ce que vous n'avez pas aimé dans ce film ?*

_____

_____

7. *Comparez vos réponses à celles de votre voisin et justifiez votre opinion.*

– –

Les mots qui peuvent vous aider :

> **Les rôles :** l'assistante de Philippe, le petit « frère » / cousin de Driss, l'auxiliaire de vie de Philippe, la fille de Philippe, l'ami de Philippe, le tétraplégique, la secrétaire de Philippe, l'amour de Philippe
>
> **L'âge :** a environ X ans
>
> **L'apparence physique :** a les cheveux bruns, gris, blonds, noirs, roux, longs, courts, bouclés
>
> **Le caractère :** est serviable, sérieux/euse, malhonnête, arrogant/e, réservé/e, drôle, sûr/e de lui/d'elle, gentil/le, etc.

 © Ernst Klett Sprachen GmbH, Stuttgart 2013 | www.klett.de | Alle Rechte vorbehalten
Kopieren für den eigenen Unterrichtsgebrauch gestattet.
ISBN 978-3-12-598438-7

L'entretien d'embauche

Imaginez que vous êtes une des personnes sur la photo : Vous avez posé votre candidature pour être auxiliaire de vie d'un riche handicapé et vous attendez l'entretien d'embauche. Avec votre voisin, préparez cet entretien d'embauche entre le candidat et l'handicapé / son assistant(e) (avec votre présentation, des questions sur votre formation, vos qualités, votre motivation, etc.) et jouez-le.

– *Groupe A : Jouez une interview dans laquelle vous êtes un candidat de rêve qui va avoir le poste après.*

– *Groupe B : Jouez une interview avec un candidat qui ne va sûrement pas avoir le poste après.*

Les pensées de Driss

Voici Driss après son déménagement chez Philippe. Quelles sont ses pensées pendant qu'il se repose sur son nouveau lit ? Écrivez un monologue intérieur.

Les opinions sur Driss

Après avoir fait la connaissance de Driss, les opinions sur lui sont partagées. Imaginez ce que les personnes pensent de lui.

La conversation entre Philippe et Driss

Voici Philippe et Driss au café, après s'être promenés au bord de la Seine à 4 heures du matin. Souvenez-vous de quoi ils parlent et jouez la conversation avec votre voisin.

La lettre

Voici une partie de la lettre que Philippe veut envoyer à Eléonore et qu'il dicte à son assistante.

... Ses yeux polis sont faits de minéraux charmants
Et dans cette nature étrange et symbolique
Où l'ange inviolé se mêle au sphinx antique ...

Groupe 1 : Imaginez comment la lettre pourrait commencer et comment elle pourrait continuer. Écrivez la lettre entière dans le même style que Philippe.

Groupe 2 : Imaginez que Driss écrit la lettre pour Philippe et réécrivez la lettre dans un style qui correspond à sa façon de parler.

Groupe 3 : Imaginez Philippe en tant que jeune qui écrit sa première lettre d'amour à une fille de sa classe. Ecrivez cette lettre dans le style d'un adolescent.

Écrire et parler du film

1. Les invités

Voici les invités de la fête d'anniversaire de Philippe.

1. Choisissez une personne et décrivez-la de façon détaillée à votre voisin. Votre voisin doit deviner de quelle personne il s'agit. Puis, changez de rôle.

2. Après, imaginez la vie de cette personne : où est-ce qu'elle vit, qu'est-ce qu'elle fait comme métier, quelle est sa relation avec Philippe ? Jouez le rôle de cette personne et racontez : « Je suis … Je connais Philippe parce que … ».

2. Elisa désespérée

Voici Elisa qui est totalement désespérée après que son petit ami l'a laissée tomber. Imaginez ce qui s'est passé concrètement avant et jouez le dialogue entre Bastien et Elisa.

Bastien, il m'a larguée, il s'en fout de moi.

3. Le tableau

Voici Philippe et Antoine qui parlent du tableau de Driss, le « grand artiste ». Mais ce qu'ils disent ne correspond pas toujours à ce qu'ils pensent.

Mettez-vous à quatre : deux prennent le rôle de Philippe, deux celui d'Antoine. L'un dit ce que Philippe / Antoine dit vraiment à son interlocuteur, l'autre dit ce que Philippe / Antoine pense au même moment. Préparez le dialogue à l'aide du scénario (p. 99–100). Après, jouez cette conversation « coupée » pendant laquelle on entend en alternance les pensées et les paroles des deux personnes.

4. Après l'anniversaire

Après la fête d'anniversaire de Philippe, la femme à droite raconte à son mari / à sa meilleure amie :
« Hier, j'ai été à la fête d'anniversaire de Philippe.
Mais cette année, c'était vraiment différent … ».
Imaginez son récit.

5. Philippe nerveux

Voici Philippe, nerveux et soucieux, avant son premier rendez-vous avec Eléonore. Lisez la scène dans le scénario (p. 112– 113) et expliquez, avec des citations du texte, comment Philippe montre qu'il se « sent mal à l'aise » (l. 112, l.16) bien qu'il n'exprime pas ses pensées par des paroles.

Après, imaginez ses pensées sous forme de monologue intérieur dans lequel il justifie sa peur et ses soucis.

6. L'histoire de Driss

Après la conversation avec Driss dans laquelle il a raconté sa vie, Philippe explique à sa fille Elisa pourquoi Driss part et quelle est sa situation familiale.
Imaginez ce dialogue entre Philippe et sa fille.

© Ernst Klett Sprachen GmbH, Stuttgart 2013 | www.klett.de | Alle Rechte vorbehalten
Kopieren für den eigenen Unterrichtsgebrauch gestattet.
ISBN 978-3-12-598438-7

La description des photos

Travaillez à deux. L'un prend la photo A, l'autre la photo B. Décrivez votre photo à votre voisin sans qu'il la voie et sans dire les noms des personnes. Votre voisin doit dessiner ce que vous décrivez. Après, il doit expliquer de quelle scène il s'agit et ce qui se passe à ce moment-là. Après, changez de rôle.

A

La description des photos

Travaillez à deux. L'un prend la photo A, l'autre la photo B. Décrivez votre photo à votre voisin sans qu'il la voie et sans dire les noms des personnes. Votre voisin doit dessiner ce que vous décrivez. Après, il doit expliquer de quelle scène il s'agit et ce qui se passe à ce moment-là. Après, changez de rôle.

B

La lettre de candidature de Driss

Avant que Driss ait pu se présenter à l'entretien d'embauche pour son nouveau poste, il a dû écrire sa lettre de candidature. Lisez la scène dans le scénario (p.136–138) et notez ce que la femme blonde cite de sa lettre de candidature. Après, rédigez cette lettre en entière.

Quelques expressions pour écrire une lettre de candidature

l'adresse de l'expéditeur (Absender)

l'adresse du destinataire (Empfänger)
le lieu et la date

Objet : Votre annonce du … / Candidature au poste de …

Mesdames, Messieurs,

Ce que vous recherchez : Suite à votre annonce …, je me permets de poser ma candidature pour … / J'aimerais me présenter en tant que … / pour un poste de …

Votre métier / formation / savoir-faire : Je suis âgé(e) de … / J'ai … ans. J'ai fait des études de … / J'ai fait une formation de …

Votre motivation / vos atouts (= Pluspunkte) / vos projets : J'ai de l'expérience dans les domaines suivants : j'ai travaillé en tant que … / j'ai fait des stages … / j'ai fait des séjours à l'étranger … J'ai l'intention de … / J'aimerais …

La fin : Dans l'attente / l'espoir d'une réponse positive, je vous prie de croire, Mesdames, Messieurs, à l'expression de mes salutations distinguées. / Je vous prie d'agréer, Mesdames, Messieurs, mes sincères salutations.

signature

Un curriculum vitae (C.V.) :
Nom :
Prénom :
Adresse :
Lieu de naissance :
Date de naissance :
Nationalité :
Études scolaires :
Formation professionnelle :
Postes précédemment occupés (Bisherige Tätigkeiten) :
Connaissances :

Le rendez-vous de Philippe

Voici Philippe pendant son premier rendez-vous avec Eléonore. Imaginez leur conversation et jouez ce dialogue avec votre voisin.

La critique rapide

Les mots croisés

Est-ce que vous vous souvenez bien de l'histoire du film? Testez vos connaissances et découvrez le texte d'un proverbe connu.

horizontalement

4. Qui escorte Philippe et Driss au début du film?
7. Le style de musique préféré de Philippe
9. La ville dans laquelle Philippe et Driss habitent
10. Ce que Philippe écrit à Eléonore
11. L'acteur qui joue Philippe

verticalement

1. La voiture de Philippe
2. Le chanteur d'opéra représente un ...
3. Magalie n'est pas impressionnée par Driss parce qu'elle est ...
5. Qu'est-ce que Driss vole dans la maison de Philippe?
6. Le nom de famille de Driss
7. Une blague de Driss est: Pas de bras, pas de ...
8. L'acteur Omar Sy joue le rôle de ...
9. Philippe est handicapé à cause d'un accident de ...
12. Philippe aime le massage de ses ...

La solution : AMITIÉ DANS ___ ___ ___ ___ ___ ___ ___ – AMITIÉ ___ ___ ___ ___ ___ ___ ___ ___
                                1 2   3 4 5 6 7   8 9 10 11 12 13 14 15

Les citations du film (Tandembogen)

Pliez la fiche et complétez les phrases. Votre voisin va contrôler ce que vous dites.

A	B
C'est Driss qui le dit à Philippe quand il vient chez Philippe pour l'entretien d'embauche.	« Je viens faire signer un papier ! » *C'est … qui le dit à … quand …*
« J'ai d'autres enfants, j'ai encore de l'espoir pour eux ! Je ne veux plus te voir traîner par ici … » *C'est … qui le dit à … quand …*	*C'est la « mère » de Driss qui le dit à Driss quand il revient chez elle après 6 mois en prison.*
C'est Driss qui le dit à Philippe quand il regarde le tableau d'art avec Philippe.	« Mais le mec il a saigné du nez sur un fond blanc et il demande 30 000 euros ! » *C'est … qui le dit à … quand …*
« Pas de bras, pas de chocolat. » *C'est … qui le dit à … quand …*	*C'est Driss qui le dit à Philippe quand il est avec Philippe dans la galerie d'art et que Philippe veut avoir des bonbons.*
C'est l'ami de Philippe (Antoine Legendre) qui le dit à Philippe quand il veut prévenir (= warnen) Philippe de Driss comme nouvel auxiliaire de vie.	« Fais attention, les gars des cités, ils n'ont aucune pitié ! » *C'est … qui le dit à … quand …*
« Attendez, je suis perdue, vous allez trop vite … J'en suis à 'comme disait Apollinaire', alors deux points, ouvrez les guillemets. » *C'est … qui le dit à … quand …*	*C'est Magalie qui le dit à Philippe quand il lui fait la dictée pour la lettre d'amour.*
C'est Philippe qui le dit à Driss quand Driss se promène avec lui à 4 heures du matin.	« Ça fait longtemps que j'ai pas vu Paris à une heure pareille. » *C'est … qui le dit à … quand …*
« 53 kilos, c'est bien hein, sauf si elle fait 1 mètre. » *C'est … qui le dit à … quand …*	*C'est Driss qui le dit à Philippe quand Philippe lui raconte ce qu'Eléonore lui a dit au téléphone.*
C'est Philippe qui le dit à sa fille quand il parle à sa fille parce qu'elle ne respecte pas Driss.	« Mais que tu manques de respect au personnel qui m'est vital, c'est inadmissible ! » *C'est … qui le dit à … quand …*
« Si, je la connais. Tout le monde la connaît. Mais si ! Bonjour, vous êtes bien aux Assedic de Paris. » *C'est … qui le dit à … quand …*	*C'est Driss qui le dit à Philippe quand l'orchestre joue une mélodie de Vivaldi qu'on peut aussi entendre si on appelle les Assedic.*
C'est Driss qui le dit à l'ex-petit ami (Bastien) d'Elisa, la fille de Philippe, quand il lui dit qu'il doit s'excuser auprès d'elle.	« Tu vas lui apporter des croissants tous les matins aussi. » *C'est … qui le dit à … quand …*
« Bon, Philippe, je vais pas rester déjeuner. » *C'est … qui le dit à … quand …*	*C'est Driss qui le dit à Philippe quand ils entrent au café dans lequel Driss a organisé un rendez-vous avec Eléonore.*

Le titre « Intouchables »

Lisez les explications suivantes des deux réalisateurs du film, Olivier Nakache et Eric Toledano, sur le titre du film.

1)

« Le titre Intouchables fait référence à la cinquième caste indienne, ces gens mis au ban de la société[1], comme nos deux personnages. Driss est plein de vie, mais il est noir, pauvre et vient de la banlieue. Son handicap est purement social. En face, Philippe incarne[2] à sa manière la France des privilèges. Une France riche et blanche, mais paralysée »

Olivier Nakache et Éric Toledano cités dans « Des Intouchables en Amérique » de Guénola Pellen dans : France-Amérique. Le journal français des États-Unis, le 25/05/2012.

2)

Olivier Nakache : [...] Le sujet était sans doute un peu « intouchable » : une comédie sur le handicap, ça n'avait rien d'évident à mettre en place. [...]

Éric Toledano : [...] Intouchables est suffisamment énigmatique[3] pour laisser la porte ouverte au spectateur.

Carlioz, Romain: Toledano, Nakache et Omar sont Intouchables. sur www.cityvox.fr, le 01/11/2011.

mettre qn au ban de la société jdn ächten – **incarner** *ici* : représenter – **énigmatique** geheimnisvoll, rätselhaft

INTOUCHABLES

Driss : _____

_____

_____

Philippe : _____

_____

_____

2 L'amitié

Allgemeiner Hinweis:

Das Thema „Freundschaft" ist ein sehr persönliches Thema. Es geht um persönliche, individuelle Einstellungen, Gefühle, Erfahrungen und Meinungen, welche stets zu berücksichtigen und zu akzeptieren sind. Aus diesem Grund kann es bei vielen Aufgaben der KV's keine Beurteilungen, sondern vor allem Meinungsaustausch und Diskussionen geben. Daher wird hier zum Teil auf eindeutige Lösungsvorschläge verzichtet.

Le vocabulaire

Die Vokabelliste wird vor der Arbeit mit den KVs dieses Moduls an die SuS ausgegeben.

Kopiervorlage 2.1 ▼

Une approche

Ziele

* über die eigene Konzeption von Freundschaft reflektieren
* Zitate zum Thema Freundschaft lesen und verstehen
* Zitate auf eigene Erfahrungen beziehen und Stellung nehmen
* Zitate auf die Freundschaft zwischen Driss und Philippe beziehen
* einen Kommentar zu Abdels Text in Form eines Blogs schreiben

Kopiervorlage 2.2

Leseverstehen
Sprechen
Dialogisches Sprechen
Schreiben (*commentaire*)

Sozialformen

* Unterrichtsgespräch, Einzelarbeit, Partnerarbeit

Erläuterungen

Als Einstieg in das Thema machen die SuS sich persönlich Gedanken darüber, welche Merkmale ihnen in einer Freundschaft besonders wichtig sind. Diese Gedanken tauschen sie mit ihren Nachbarn aus.

Anschließend lesen sie die Zitate zum Thema Freundschaft und nehmen dazu Stellung. Alternativ kann diese Phase schüleraktivierend gestaltet werden durch die Methode der Positionslinie. Die Lehrkraft oder ein/e Schüler/in liest die Zitate nacheinander vor oder zeigt sie per Folie/Beamer an der Wand, und die SuS stellen sich auf einer imaginären Linie zwischen den beiden Polen „complètement d'accord" und „pas du tout d'accord" auf. Die SuS äußern dann in kurzer Form ihre Meinung zu dem Zitat.

Schließlich beziehen sie die Zitate aus Aufgabe 2 auf die Freundschaft zwischen Driss und Philippe und begründen ihre Entscheidung. Diese Aufgabe ist sehr wichtig, um die Verbindung zu dem Film und die Wichtigkeit der Freundschaft für die Protagonisten / die Handlung des Films zu verdeutlichen.

In einem Auszug aus dem autobiographischen Roman von Abdel Sellou, der realen Person, die der Filmfigur Driss zugrunde liegt, geht es um dessen Konzeption von Freundschaft in seinem Leben in der banlieue, bevor er für Philippe gearbeitet hat. Die SuS lesen und analysieren diesen Auszug und verfassen anschließend einen Kommentar/eine Antwort auf dem Blog einer Jugendzeitschrift, in dem/der sie sich schriftlich mit Abdels Meinung auseinandersetzen und diese kommentieren.

Kopiervorlage 2.3 ▼

Schreiben (+ Gestalten)

L'ABC de leur amitié

Ziele

- ein ABC der Freundschaft erstellen
- die Freundschaft zwischen Driss und Philippe analysieren

Sozialformen

- Partnerarbeit, Gruppenarbeit

Erläuterungen

Die SuS erstellen in Partnerarbeit in Anlehnung an das Beispiel des Buchstaben „A"
ein Alphabet der Freundschaft zwischen Driss und Philippe. Dabei kann der jeweilige Buchstabe in einem beliebigen Wort des Satzes vorkommen, dieses sollte jedoch ein bedeutungsträchtiges Wort für die Facette der Freundschaft sein. Je nach
Leistungsstärke der Lerngruppe bzw. der einzelnen SuS kann der Kasten am Rand
der KV mitkopiert oder beim Kopieren weggeklappt werden, so dass die SuS entweder das Alphabet ganz frei gestalten müssen oder aber sich an den vorgeschlagenen Wörtern orientieren können. Nachdem die SuS ihr Alphabet beendet haben,
stellen sie sich „ihre" Buchstaben in kleinen Gruppen gegenseitig vor und erstellen
anschließend ein „Lieblingsalphabet", welches schön gestaltet und im Klassenraum
aufgehängt wird

Kopiervorlage 2.4

Schreiben (Analyse)

Les caractères

Ziele

- Philippe und Driss Adjektive zuordnen
- Unterschiede und Ähnlichkeiten zwischen Philippe und Driss herausarbeiten
- ein Portrait von Philippe und Driss verfassen

Sozialformen

- Einzelarbeit, Unterrichtsgespräch

Erläuterungen

Bei diesen Aufgaben geht es darum, Philippe und Driss zu charakterisieren, ein
Portrait der beiden zu schreiben und ihre Unterschiede und Ähnlichkeiten zu zeigen, um schließlich die Besonderheit und die große Bedeutung ihrer Freundschaft
noch besser zu verstehen. In der ersten Aufgabe lesen und verstehen die SuS die
vorgegebenen Adjektive und ordnen sie anschließend Philippe und Driss in der
Tabelle zu. Die Spalten 2 und 3 können in Stichworten ausgefüllt oder auch mündlich behandelt werden. Ausgehend von der Tabelle stellen die SuS im Unterrichtsgespräch dar, inwiefern Philippe und Driss vollkommen verschieden oder aber doch
etwas ähnlich sind. Schließlich verfassen die SuS auf der Grundlage der Tabelle und
mit Hilfe der „Conseils" jeweils ein Porträt von Philippe und Driss, welche von der
Lehrkraft eingesammelt und korrigiert werden.

Leur amitié

Ziele

- die Freundschaft zwischen Philippe und Driss charakterisieren
- einen Auszug aus Abdel Sellous Autobiographie interpretieren
- ein Rollenspiel vorbereiten und vortragen

Sozialformen

- Unterrichtsgespräch, Einzelarbeit, Partnerarbeit

Erläuterungen

In dieser KV geht es um die Freundschaft zwischen Philippe und Driss. Zu Beginn werden die Ausdrücke zur Beschreibung einer Freundschaft im Plenum unterstrichen, welche auf Philippe und Driss anwendbar sind. Anschließend charakterisieren die SuS die Freundschaft zwischen Driss und Philippe schriftlich, indem sie passende Ausdrücke aus Aufgabe 1 übernehmen und diese ergänzen und erklären.

In Aufgabe 3 beschäftigen sich die SuS mit der Szene 29 (Filmsequenz: 00:33:05 – 00:34:48), in der Philippes Freund Antoine Legendre versucht, ihn davon zu überzeugen, dass Driss eine Gefahr für sein Leben darstellt. Die SuS sehen die Szene einmal und äußern sich spontan zu der Qualität der Freundschaft zwischen Philippe und Antoine. Anschließend lesen sie die Szene im Drehbuch und analysieren die Beziehung zwischen Philippe und Antoine sowie deren unterschiedliche Haltung zu Driss. Da davon auszugehen ist, dass Philippe vor seinem Unfall seinem Freund Antoine in seinem Denken ähnlich war, bereitet die Szene inhaltlich gut auf die nachfolgende Aufgabe vor, in welcher die SuS eine Situation vor Philippes Unfall erfinden und überlegen, wie ein Treffen der beiden wohl hätte ablaufen können. Diese Szenen werden gegebenenfalls vorgespielt.

Kopiervorlage 2.5

Schreiben (Analyse)
Leseverstehen
Schreiben (*écriture créative*)
Sprechen (Rollenspiel)

Courbe de l'amitié

Kopiervorlage 2.6

Nr.	Filmsequenz	Drehbuch
1	00:08:56 – 00:11:38	7
2	00:22:52 – 00:25:10	23
3	00:40:00 – 00:43:00	35–37
4	00:46:13 – 00:46:43	38 (S. 68, Z.16 – Ende)
5	01:13:02 – 01:15:18	58 – 65
6	01:22:44 – 01:25:50	76
7	01:28:55 – 01:30:04	80 (S. 131, Z.13 – Ende)
8	01:36:00 – 01:36:48	89
9	01:41:40 – Ende	96

Schreiben
Sprechen (Diskutieren)
Gestalten

Ziele

* die Entwicklung der Freundschaft zwischen Driss und Philippe mit ihren Höhen und Tiefen analysieren
* von der Analyse ausgehend eine Freundschaftskurve zeichnen

Sozialformen

* Einzelarbeit, Partnerarbeit, Gruppenarbeit, Unterrichtsgespräch

Erläuterungen

Die 10 Szenen werden nacheinander vorgespielt. Nach jeder Szene notieren die SuS einen Titel und machen sich bereits Stichworte zur Qualität der Freundschaft, welche sie anschließend mit einer Zahl von 1–6 beurteilen. In Kleingruppen diskutieren sie über ihre Ergebnisse, welche schließlich im Unterrichtsgespräch besprochen/verglichen werden. Abschließend zeichnet jeder SuS eine Freundschaftskurve, auf welcher er die verschiedenen Nummern der Szenen einträgt. Gegebenenfalls schreiben die SuS eine Analyse zum Thema „caractérisez le développement de l'amitié entre Philippe et Driss", welche von der Lehrkraft eingesammelt und korrigiert wird.

Variante: Die Szenen werden nicht vorgespielt, sondern von den SuS in Stillarbeit im Drehbuch nachgelesen. Anschließend wird verfahren wie oben erklärt.

Kopiervorlage 2.7

Sprechen (Beschreiben)
Schreiben (*écriture créative*)

Ce qu'ils pensent l'un de l'autre
Ziele

* Bilder beschreiben und in den Kontext des Films einordnen
* sich in die Filmfiguren Philippe und Driss hineinversetzen
* einen persönlichen Brief schreiben
* über die Bedeutung von Freundschaft reflektieren

Sozialformen

* Unterrichtsgespräch, Einzelarbeit, Partnerarbeit

Erläuterungen

Die SuS beschreiben die beiden Bilder im Unterrichtsgespräch und verfassen spontan einen Satz, welchen Philippe und Driss einander in diesem Moment des Abschieds gerne sagen würden. Anschließend setzen sie sich mit der Freundschaft zwischen Philippe und Driss auseinander, indem sie aus beiden Perspektiven die Freundschaft thematisieren. Zunächst schreiben sie in Einzelarbeit mithilfe der „Conseils" einen Brief von Philippe an Driss, in welchem dieser Driss seine Freundschaft gesteht; anschließend führen die SuS mündlich in Partnerarbeit ein Gespräch zwischen Driss und Amada durch, in welchem Driss seinem Bruder/Cousin die Wichtigkeit von Freundschaft erklärt. Amada, welcher diese Erfahrungen wahrscheinlich noch nicht gemacht hat, fragt auf seine Weise nach.

Kopiervorlage 2.8

Sprechen (Beschreiben)
Sprechen (Analysieren)
Sprechen (Diskutieren)

Différences bienvenues
Ziele

* eine Zeichnung beschreiben und interpretieren
* die Konzeption von Freundschaft erklären und bewerten
* die Botschaft der Zeichnung auf die Freundschaft von Driss und Philippe übertragen

Sozialformen
- Einzelarbeit, Partnerarbeit, Unterrichtsgespräch

Erläuterungen
Die SuS beschreiben nach dem „Think-Pair-Share Prinzip" die Zeichnung und interpretieren die Konzeption von Freundschaft, welche ausgedrückt werden soll. Anschließend diskutieren sie in Partnerarbeit über diese Konzeption und übertragen sie auf die Freundschaft zwischen Driss und Philippe. Gegebenenfalls verfassen die SuS einen schriftlichen Kommentar zu der Karikatur, welcher eingesammelt und korrigiert wird.

Le rôle de l'amour dans le film

Kopiervorlage 2.9 ▼

Nr.	Filmsequenz	Drehbuch
1	00:25:52 – 00:26:25	25
2	00:34:50 – 00:36:04	30
3	00:36:04 – 00:36:26	31
4	00:52:20 – 00:52:43	43
5	00:58:50 – 00:59:16	49 (S. 91, Z.12 – S. 92, Z.10)
6	00:59:47 – 01:00:14	49 (S. 94, Z.1 – 13)
7	01:26:18 – 01:27:46	78
8	01:31:12 – 01:31:52	82 (bis S. 133, Z.22)
9	01:41:40 – Ende	96

Ziele
- verschiedene Szenen des Films inhaltlich bearbeiten
- den Szenen die verschiedenen dargestellten Arten von Liebe zuordnen

Hörsehverstehen
Sprechen (Diskutieren)
Schreiben (*écriture créative*)

Sozialformen
- Einzelarbeit, Partnerarbeit

Erläuterungen
Die verschiedenen Szenen werden den SuS nacheinander vorgespielt. Nach jeder Szene ordnen die SuS eine Art der Liebe der Szene in der Tabelle zu. Anschließend diskutieren sie in Partnerarbeit darüber, ob die jeweilige Szene „wahre Liebe" zeigt. Abschließend kann die Tabelle im Unterrichtsgespräch verglichen und diskutiert werden.

Die Tabelle kann im Unterrichsgespräch verglichen und diskutiert werden. Schließlich setzen sich die SuS mit einem „Liebespaar" kreativ auseinander, indem sie mithilfe der „Conseils" eine zusätzliche Szene verfassen: Yvonne geht mit Albert in ein Restaurant. Sie ist hin- und hergerissen zwischen ihrer Freude über das Rendevous und ihrer Sorge um den unglücklichen Philippe. Die Szene wird abschließend vorgetragen/vorgespielt und gegebenenfalls von den anderen SuS mithilfe eines Hörauftrages auf inhaltliche und stilistische Logik (siehe „Conseils") hin überprüft.

Le vocabulaire : L'amitié

l'amitié *f*	die Freundschaft
un ami, une amie	Freund(in)
un, e ami, e intime	enge(r) Freundin
un petit ami, une petite amie	fester Freund, feste Freundiin
un, une pote *fam*	Kumpel
un copain, une copine	Freund(in), Kumpel
un, une camarade	Kamarad(in)
amical, e	freundschaftlich
aimable	freundlich, liebenswürdig
l'amabilité *f*	Liebenswürdigkeit
se lier d'amitié avec qn	sich mit jdm anfreunden
se rencontrer	sich treffen
rencontrer qn	jdn treffen
entretenir des relations amicales avec	eine freundschaftliche Beziehung unterhalten
bien s'entendre	sich gut verstehen
être bien à l'aise avec qn	sich mit jdm wohlfühlen
partager qc avec qn	mit jdm etwas teilen
aimer bien qn	jdn gerne mögen
apprécier qn	jdn schätzen
pouvoir compter sur qn	sich auf jdn verlassen können
se confier à qn	sich jdm anvertrauen
faire confiance à qn	jdm vertrauen
confier qc à qn	jdm etwas anvertrauen
avoir confiance en qn	zu jdm Vertrauen haben
faire la conaissance de qn	jdn kennenlernen
aller voir qn	jdn besuchen
rendre visite à qn	jdn besuchen
revoir qn	jdn wiedersehen
retrouver qn	jdn (wieder)treffen
quitter qn	jdn verlassen
qn manque à qn	jd fehlt jdm
la solitude	Einsamkeit
se sentir seul, e	sich einsam fühlen
la sympathie	Sympathie
sympathique	sympathisch
l'affection *f*	Zuneigung
affectueux, affectueuse	liebevoll
la déception	Enttäuschung
décevoir qn	jdn enttäuschen

Une approche

1. *Notez cinq choses qui sont importantes pour vous dans une amitié. Commencez ainsi :*

Pour moi, un ami/une amie doit être ... parce que ...

_____

_____

_____

_____

Comparez ensuite vos idées à celles de votre voisin/voisine.

2. *Lisez les citations suivantes qui parlent d'amitié.*

> 1) *La véritable amitié, c'est comme la santé ... tu n'en connais la valeur que lorsque tu l'as perdue.*
>
> 2) *Un véritable ami, c'est celui qui te soutient alors que tous les autres te laissent tomber.*
>
> 3) *L'amitié, c'est un seul esprit dans deux corps.*
>
> 4) *Un ami est celui qui connaît la chanson qui est dans ton cœur et qui peut te la chanter quand tu en as oublié les paroles.*
>
> 5) *On se demande parfois si la vie a un sens ... et puis l'on rencontre des êtres qui donnent un sens à la vie.*
>
> 6) *Un ami est celui qui vous laisse l'entière liberté d'être vous-même.*
>
> 7) *Un ami, c'est celui qui voit clair en vous, et qui continue à apprécier le spectacle.*

3. *Choisissez la citation qui vous plaît le mieux et expliquez pourquoi.*

4. *Choisissez la citation qui correspond le mieux à l'amitié entre Driss et Philippe. Expliquez pourquoi.*

5. *Lisez la citation suivante du roman autobiographique « Tu as changé ma vie ... » d'Abdel Sellou (alias le vrai Driss), et analysez sa conception de l'amitié quand il était jeune.*

   « Je traînais avec les potes de la cité. Je dis les potes, parce qu'on n'était pas amis. À quoi ça sert un ami ? À se confier ? Je n'avais rien à confier puisque rien ne m'atteignait. Je n'avais besoin de personne. »

6. *Imaginez que vous trouvez dans un blog un fil de discussion intitulé « À quoi ça sert un ami ? » et vous y lisez la citation d'Abdel. Écrivez une réponse.*

L'ABC de leur amitié

1. *Trouvez pour chaque lettre de l'alphabet (sauf k, w, y, z) un mot qui est lié (directement ou indirectement) avec l'amitié entre Driss et Philippe. Formez ensuite une phrase avec ce mot sur leur amitié.*

A   Amis : Au cours du film Philippe et Driss deviennent de très bons amis.

B   _____

C   _____

D   _____

E   _____

F   _____

G   _____

H   _____

I   _____

J   _____

L   _____

M   _____

N   _____

O   _____

P   _____

Q   _____

R   _____

S   _____

T   _____

U   _____

V   _____

X   _____

bilatéral, chic, différent, élégant, fête, grand, heureux, ignorer, jeune, libre, musique, neige, opéra, passion, querelle, rendre qc, sentiments, tendre, unir, vivre, xénophobe,

Les caractères

1. *Lisez les adjectifs suivants.*

> cultivé, instruit, poli, impoli, conscient de ses responsabilités, simple, dragueur, timide, sans pitié, patient, impatient, intéressé, énergique, dur, reconnaissant, honnête, direct, ouvert, brutal, vulgaire, fort, vigilant, indulgent, distingué, sans respect, respectueux, intelligent, irresponsable, sans humour, plein d'humour

2. *Classez ces adjectifs dans le tableau ci-dessous, précisez à quel moment dans le film ce trait de caractère se montre et expliquez votre choix. Ajoutez d'autres adjectifs si vous en trouvez.*

	Adjectif	Où dans le film	Explication
Philippe			
Driss			

3. *Montrez par ces adjectifs à quel point Driss et Philippe se ressemblent ou s'opposent.*

4. *Écrivez le portrait de Driss et de Philippe.*

> **Quelques conseils pour écrire le portrait de quelqu'un :**
>
> - Décrivez l'apparence physique de la personne.
> - Donnez des informations sur sa vie et son entourage.
> - Caractérisez la personne en utilisant des adjectifs.

Leur amitié

1. *Lisez les expressions suivantes et soulignez celles qui, pour vous, vont le mieux avec la relation entre Philippe et Driss.*

   - Ils sont très proches l'un de l'autre.

   - Ils s'aiment/Ils se détestent mutuellement.

   - Ils ont de la sympathie/de l'antipathie l'un pour l'autre.

   - Ils se méfient l'un de l'autre/Ils se font confiance.

   - Ils entretiennent une relation familiale, amicale, professionnelle.

   - Ils ont une relation d'égal à égal, de supérieur à subordonné.

   - Ils ont une relation décontractée, bienveillante/tendue, hostile

2. *Caractérisez l'amitié entre Driss et Philippe en tenant compte de leur origine et leurs coutumes différentes. Utilisez quelques-unes des expressions ci-dessus.*

3. *Regardez la scène suivante où Philippe rencontre Antoine Legendre, un de ses amis, et jugez spontanément la qualité de leur amitié. Expliquez votre jugement.*

4. *Ensuite, lisez la scène dans le scénario (p. 51–52) et faites les activités suivantes :*

   a) *Caractérisez la relation entre Philippe et Antoine.*

   b) *Dégagez du texte ce que Antoine/Philippe pensent de Driss.*

5. *Avant son accident, Philippe pensait peut-être un peu de la même façon qu'Antoine. Imaginez que Philippe et Driss se soient rencontrés avant l'accident de Philippe. Inventez un lieu et les conditions de cette rencontre et écrivez ensuite cette scène. Si vous voulez, jouez la scène.*

Courbe de l'amitié

1. *Regardez les scènes suivantes (1 à 10).*

2. *Donnez un titre à chaque scène et caractérisez la qualité de l'amitié en donnant un chiffre de 1 à 6*
   (1=simple connaissance, 6=amitié profonde). Expliquez votre choix.

Numéro et titre de la scène	Qualité de l'amitié
1	
2	
3	
4	
5	
6	
7	
8	
9	
10	

3. *Dessinez une courbe qui exprime la qualité de l'amitié entre Driss et Philippe et mettez les numéros des scènes à*
   la place qui convient. Expliquez votre choix

Courbe de l'amitié

Qualité de l'amitié

```
7 |
6 |
5 |
4 |
3 |
2 |
1 |
  |_____
   1   2   3   4   5   6   7   8   9   10   Scène
```

4. *Analysez le développement de l'amitié entre Driss et Philippe.*

Ce qu'ils pensent l'un de l'autre

1. *Voici deux photos qui montrent Philippe et Driss juste après leurs « adieux ». Décrivez ces deux photos. Imaginez une phrase qu'à ce moment-là Philippe aimerait dire à Driss, et vice versa.*

2. *Après le départ de Driss, Philippe demande à Magalie de venir le voir. Il lui dicte une lettre à Driss dans laquelle il lui explique pourquoi il n'est pas seulement un auxiliaire de vie mais devenu un vrai ami.*

Quelques conseils pour écrire une lettre privée :

- Mettez le lieu et la date en haut à droite.
- Commencez avec : « cher », « mon cher ».
- Écrivez ce que vous voulez communiquer, posez des questions etc.
- Utilisez une des formules de politesse suivantes : « amicalement », « amitiés », « à bientôt », « bises », « affectueusement ».
- Signez en bas à droite.

3. *Driss, à son tour, passe beaucoup de temps avec son frère/cousin Amada. Lors de son « recadrage », Driss lui explique l'importance de l'amitié dans la vie, en lui expliquant pourquoi Philippe « a changé sa vie[1] ».*

1 Abdel Sellou, *Tu as changé ma vie*, Paris : Editions Michel Lafon, 2012.

Différences bienvenues

1. *Décrivez ce dessin.*

© L'Arche en France. Dessin réalisé lors de l'évènement « Intouchables: fiction ou réalité » organisé par L'Arche en France et Simon de Cyrène le 16 mai 2012 au Conseil économique, social et environnemental (France).

2. *Expliquez la conception de l'amitié que ce dessin évoque.*

3. *Donnez votre avis sur cette conception de l'amitié. Parlez-en avec votre voisin/voisine.*

4. *Créez un lien entre ce dessin et l'amitié entre Driss et Philippe.*

Le rôle de l'amour dans le film

1. *Regardez les scènes dans lesquelles il est question de différentes relations et de différentes sortes d'amour.*

2. *Lisez les expressions suivantes et mettez-les à la bonne place dans le tableau. Parfois, plusieurs solutions sont possibles. Ensuite, mettez une croix dans la colonne droite si, à votre avis, il s'agit vraiment d'amour. Expliquez pourquoi.*

 relation romantique, relation lesbienne, relation érotique, « relation » unilatérale, relation classique, relation épistolaire, relation « téléphonique », relation amoureuse, relation profonde

Scènes :	Expression	Amour ?
Lisa et Bastien		
Driss et Magalie 1		
Philippe et Eléonore 1		
Philippe et Eléonore 2		
Driss et Magalie 2		
Philippe et les masseuses		
Magalie et Frédérique		
Yvonne et Albert		
Philippe et Eléonore 3		

3. *Lisez la séquence 82 du scénario dans lequel Yvonne part pour sortir avec Albert, le jardinier de la maison. Inventez une scène supplémentaire entre les scènes 82 et 83 dans laquelle Yvonne et Albert se trouvent dans un restaurant.*

Quelques conseils pour rédiger une scène et l'ajouter au scénario :

- Respectez la forme et le style des scènes du scénario original
- Faites attention à ce que le contenu aille bien avec la scène précédente et la scène suivante.
- Différenciez clairement entre des dialogues et des didascalies

3 Le bonheur

Wie beim Thema „amitié" geht es auch beim Thema „Glück" um sehr persönliche und individuelle Einstellungen und Gefühle, welche stets berücksichtigt und akzeptiert werden sollten. So kann es bei vielen Aufgaben keine Beurteilungen, sondern vor allem Meinungsaustausch und Diskussionen geben. Aus denselben Gründen sind Lösungsvorschläge bei vielen Aufgaben nicht sinnvoll.

Le vocabulaire
Die Vokabelliste wird vor der Arbeit mit den KVs dieses Moduls an die SuS ausgegeben.

Kopiervorlage 3.1 ▼

Une approche
Ziele
- Bilder beschreiben
- die Bilder mit „Glück" assoziieren
- sich persönlich mit dem Begriff „Glück" auseinandersetzen
- verschiedene Facetten des Glücks den Bildern zuordnen
- sein persönliches Glück definieren

Kopiervorlage 3.2 ▼
Sprechen (Beschreiben)
Schreiben

Sozialformen
- Unterrichtsgespräch, Einzelarbeit, Partnerarbeit

Erläuterungen
Die SuS beschreiben zunächst im Unterrichtsgespräch oder nach dem „Think-Pair-Share"-Prinzip die Bilder und stellen anschließend einen Bezug zum Thema Glück dar. Sie ordnen die Bilder nach ihrer persönlichen Rangfolge (Welches Bild bedeutet für mich das größte Glück?) und finden einen Oberbegriff für die dargestellte Art von Glück (Aufgabe 1–4).

Alternativ und schüleraktivierender kann der Einstieg auch ohne die KV geschehen. Sie finden die Bilder in Farbe zum Ausdrucken und Großkopieren unter dem Online-Code kn4a7t Die Bilder können dann om Klassenzimmer aufgehängt werden. Die Aufgaben 1 und 2 werden wie oben beschrieben durchgeführt. Bei Aufgabe 3 platzieren sich die SuS vor dem Bild, welches am meisten/am wenigsten ihrem eigenen Konzept von Glück entspricht und erläutern ihre Entscheidung. Anschließend finden sie gemeinsam einen Oberbegriff für das jeweilige Bild und notieren es unter diesem. Die Bilder bleiben, wenn möglich, an der Wand, so dass im weiteren Verlauf der Unterrichtseinheit auf sie zurückgegriffen werden kann.

Online-Code kn4a7t

Aufgabe 5 kann in Einzel- oder Partnerarbeit durchgeführt werden. Anschließend beschäftigen sich die SuS mit Zitaten zum Thema Glück. Drei Zitate aus dem Roman *Le voyage d'Hector ou la recherche du bonheur* beziehen sie im Unterrichtsgespräch auf die Protagonisten des Film und beenden dann den vorgegebenen Satz. Ausgehend von den Zitaten sollen die SuS in Aufgabe 6 schließlich im Internet selbst Zitate zum Thema Glück finden und diese ihren Mitschülern in Partner- oder Gruppenarbeit vorstellen. Alternativ können die Zitate großkopiert und an der Wand aufgehängt werden, so dass die SuS im Rahmen eines Galeriegangs die verschiedenene Zitate lesen und schließlich vor ihrem Lieblingszitat stehenbleiben und ihre Entscheidung erläutern.

Kopiervorlage 3.3

Philippe et Driss heureux

Nr.	Filmsequenz	Drehbuch
1	00:29:45 – 00:30:40	27 (bis S. 48, Z.6)
2	00:59:18 – 00:59:47	49 (S. 92, Z.11 bis S. 93, Z. 26)
3	01:18:17 – 01:21:42	70–73
4	01:41:39 – 01:43:16	96

Hörsehverstehen

Schreiben (Analyse)

Ziele

- Filmszenen inhaltlich bearbeiten
- Titel für Filmszenen finden
- Das Glück von Philippe und Driss anhand der Filmszene analysieren

Sozialformen

- Filmvortrag, Einzelarbeit

Erläuterungen

In dieser KV wird der Film „Intouchables" mit dem Thema Glück in Verbindung gebracht. Dafür werden vier Szenen des Films gezeigt, in denen sowohl Philippe als auch Driss augenscheinlich glücklich sind.

Nach dem Vorspielen jeder Szene überlegen sich die SuS in Einzelarbeit (alternativ ist auch Partnerarbeit möglich) einen Titel für die jeweilige Szene und überlegen die Herkunft des Glücks in Anlehnung an die zuvor besprochenen Kategorien. Abschließend verfassen sie einen kurzen Text darüber, wann und warum Philippe und Driss glücklich sind.

Kopiervorlage 3.4

Les sports etrêmes
Filmsequenz: 01 :18 :17 – 01 :21 :09
Drehbuch: 70-72

Hörsehverstehen

Leseverstehen

Schreiben (*écriture créative*)

Dialogisches Sprechen

Ziele

- Philippes Glück beim Paragliding beschreiben
- sich mit Extremsportarten auseinandersetzen und persönlich dazu äußern
- einen Werbetext verstehen und lexikalisch analysieren
- einen Dialog zwischen Philippe und Driss verfassen und gegebenenfalls spielen

Sozialformen

- Filmvortrag, Unterrichtsgespräch, Einzelarbeit, Partnerarbeit

Erläuterungen

Um in das Thema „Extremsportarten" einzuführen, wird den SuS die ihnen bereits bekannte Paraglidingszene erneut vorgespielt. Ihre Aufgabe besteht darin, das Glück Philippes in dieser Szene durch Schlagwörter zu beschreiben.

Anschließend setzen sie sich in den Aufgaben 2–4 allgemein und persönlich mit Extremsportarten auseinander. Dies kann in Einzel- Partner- und Gruppenarbeit geschehen. Der Werbetext für einen Tandemflug in Aufgabe 5 verspricht auf poetische Weise Glücksgefühle während des Flugs. Die SuS unterstreichen alle Wörter, welche Glücksgefühle beschreiben und beziehen den Text anschließend auf die Paraglidingszene des Films. Dabei sollten sie auch auf Driss Erfahrung mit seinem ersten Tandemflug eingehen. Schließlich diskutieren sie darüber, ob die Werbung sie persönlich überzeugen könnte. Abschließend arbeiten die SuS kreativ in Partnerarbeit, indem sie sich vorstellen, dass Philippe Driss den Text vor ihrem Ausflug in die Berge vorliest und ihm einen Tandemflug vorschlägt

Philippe heureux/malheureux

Ziele

- Bilder beschreiben
- Bilder in die Geschichte des Films einordnen
- den Kontrast zwischen Philippe „glücklich und unglücklich" und somit Driss' entscheidende Rolle für Philippes Wohlbefinden erkennen und erläutern
- eine Anforderungsliste für einen neuen „auxiliaire de vie" für Philippe aus der Sicht Magalies und Yvonnes entwickeln

Sozialformen

- Einzelarbeit, Partnerarbeit, Gruppenarbeit, Unterrichtsgespräch

Erläuterungen

Die SuS beschreiben im Unterrichtsgespräch die beiden Fotos von Philippe. Anschließend ordnen sie sie in die Geschichte des Films ein und erläutern, warum Philippe in der jeweiligen Phase glücklich bzw. unglücklich ist. Dabei muss der entscheidende Einfluss von Driss verdeutlicht werden. Die SuS notieren nun aus der Sicht von Yvonne und Magalie in Gruppenarbeit auf Kärtchen verschiedene Fähigkeiten/ Charaktereigenschaften, welche ein neuer „auxiliaire de vie" mitbringen müsste, um Philippes „Ansprüchen" zu genügen. Die Kärtchen werden an der Wand fixiert und im Plenum besprochen und sortiert. Dabei werden sich Magalie und Yvonne sehr an Driss und seinen Eigenschaften orientieren, da er es auf seine unkonventionelle Art geschafft hat, Philippe glücklich zu machen. Bei dieser Aufgabe kann im Sinne der dienenden Funktion der Grammatik der Subjonctif wiederholt/ reaktiviert werden. Abschließend erfinden die SuS auf Grundlage der erarbeiteten Aspekte zunächst eine zusätzliche Szene (nach Szene 85) des Drehbuchs, in der Magalie und Yvonne den Gesundheitszustand Philippes und die Suche nach einem neuen Pfleger diskutieren und verfassen schließlich mit Hilfe der Beispielannonce auf der KV eine Zeitungsanzeige in Stillarbeit/als Hausaufgabe.

Les petits plaisirs de la vie

Ziele

- Aktivitäten wählen, welche zu persönlichem Glück beitragen können
- sich in Philippe und sein Leben hineinversetzen
- die Aktivitäten auf Philippes Leben übertragen und davon ausgehend einen Dialog zwischen Philippe und Yvonne verfassen

Sozialformen

- Einzelarbeit, Unterrichtsgespräch, Partnerarbeit

Kopiervorlage 3.5
Sprechen (Beschreiben)
Sprechen
Schreiben
Grammatik (*subjonctif*)

Kopiervorlage 3.6 ▼
Leseverstehen
Sprechen
Schreiben (*écriture créative*)

Erläuterungen

Die SuS lesen in Stillarbeit oder laut die verschiedenen „kleinen Freuden des Lebens", die dazu beitragen, den Alltag angenehmer zu gestalten und alltägliche Freude/Glück zu empfinden. Die SuS wählen zunächst die Aktivitäten, welche sie selber kurzfristig glücklicher machen können und begründen mündlich im Unterrichtsgespräch oder im Gespräch mit dem Nachbarn ihre Entscheidung. Sie können weitere Aktivitäten ergänzen, welche sie persönlich für sehr wichtig halten.

Anschließend unterstreichen die SuS die Aktivitäten die für Philippe in Frage kommen. In Partnerarbeit verfassen sie einen Dialog: Yvonne versucht den depressiven Philippe aufzumuntern, indem sie ihm einige der vorliegenden Aktivitäten vorschlägt.

Kopiervorlage 3.7

Philippe et Driss heureux II
Filmsequenz: 01:41:39 – 01:43:16
Drehbuch: 96

Hörsehverstehen
Schreiben
Schreiben (*écriture créative*)

Ziele
- die letzte Szene des Films inhaltlich bearbeiten
- das Glück von Philippe und Driss analysieren/erklären
- sich in die Lage von Driss und Philippe hineinversetzen
- einen inneren Monolog verfassen

Sozialformen
- Filmvortrag, Einzelarbeit, Unterrichtsgespräch

Erläuterungen
Die letzte Szene des Films wird den SuS vorgespielt. Die SuS beenden spontan mündlich in Partnerarbeit oder schriftlich in Einzelarbeit die Sätze aus Aufgabe 2, bevor sie sich schließlich intensiver mit den Gedanken eines der beiden Protagonisten beschäftigen und einen inneren Monolog verfassen. Dabei ist es sinnvoll, dass die eine Hälfte der Klasse Driss' und die andere Hälfte Philippes inneren Monolog verfasst, so dass abschließend in Partnerarbeit die verschiedenen Seiten vorgestellt werden können.

Kopiervorlage 3.8

Une fin heureuse

Sprechen (Beschreiben)
Schreiben (Analysieren)
Grammatik (Bedingungssätze)
Schreiben (*écriture créative*)

Ziele
- Bilder beschreiben
- filmische Mittel analysieren, welche das Happy End unterstreichen
- analysieren, was Driss dafür getan hat, dass Philippe sein Glück gefunden hat und umgekehrt
- Bedingungssätze reaktivieren
- sich vorstellen, wie das Leben von Driss und Philippe verlaufen wäre, wenn sie sich nicht kennengelernt hätten
- sich in die Lage von Driss und Philippe hineinversetzen und mit einigem Abstand und unter Berücksichtigung der eingeblendeten Informationen zu Philippe und Driss von den beiden Fotos erzählen

Sozialformen

- Einzelarbeit, Partnerarbeit

Erläuterungen

Die SuS beschreiben sich in Partnerarbeit die beiden Fotos und überlegen, wodurch das Glück der beiden Protagonisten hervorgehoben wird. Dabei thematisieren sie ebenfalls den Text, welcher in dieser Szene eingeblendet wird. Anschließend füllen sie in Einzelarbeit arbeitsteilig die Tabelle aus (eine Gruppe Philippe, die andere Driss) und vergleichen die Ergebnisse auf Folie. Die SuS können nacheinander nach vorne gehen und einen Satz auf der Folie notieren und nebenbei ihre eigene Tabelle vervollständigen. Sie stellen sich nun vor, was aus Philippe und Driss geworden wäre, wenn sie sich nicht getroffen hätten. Hierfür reaktivieren die SuS die Bedingungssätze, eventuell muss das Schema an der Tafel wiederholt werden. Abschließend setzen die SuS sich auf kreative Weise mit den Fotos auseinander, indem sie eine Szene hinzufügen, welche sich viele Jahre später abspielt und als Vorspann oder Nachspann denkbar wäre. Philippe und Driss zeigen ihren Kindern die beiden Fotos in ihrem Fotoalbum und erzählen, was sie erlebt haben.

Un film qui rend heureux

Ziele

- einen unbekannten Text verstehen
- Informationen aus dem Text herausfiltern
- Zitate kommentieren

Sozialformen

- Einzelarbeit, Unterrichtsgespräch

Erläuterungen

Die SuS lesen den kurzen Kommentar in Stillarbeit und analysieren das Verhalten der Autorin. Sie interpretieren den Titel des Kommentars, wobei die Vokabel „Sécu" erläutert werden müsste. Anschließend kommentieren die SuS schriftlich die Zitate zum Glück in dem Film „Intouchables", wobei sie sich auf den Film beziehen und Beispielszenen nennen. Schließlich erstellen die SuS eine Liste der Filme, welche sie persönlich glücklich machen. Dies sollten vordergründig französische Filme sein, welche aber wegen des zu erwartenden Mangels an Vorschlägen durch anderssprachige Filme ergänzt werden können.

Zusatzaufgabe/Referat

Zur Vertiefung des Themas „Glück" in französischen Spielfilmen können einzelne SuS den Auftrag erhalten, den Film „Le fabuleux destin d'Amelie Poulain" zu schauen und die in den beiden Filmen dragestellten Konzeptionen von Glück zu vergleichen.

Un autre film français qui a enthousiasmé le monde entier et qui « rend heureux » est « Le fabuleux destin d'Amélie Poulain ». Regardez ce film/Informez-vous sur le film et présentez-le à vos camarades en comparant la conception du bonheur de ces deux films.

Kopiervorlage 3.9
Leseverstehen
Schreiben (Analysieren +
Kommentieren)

Le vocabulaire : Le bonheur

la fortune	Glück, Besitz , Vermögen
faire fortune	reich werden
la roue de la fortune	Glücksrad
la chance	(glücklicher) Zufall, Glück, Chance
avoir de la chance	Glück haben
Bonne chance !	Viel Glück!
le bonheur	Glück, Glücksgefühl, glücklicher Umstand
le malheur	Unglück
le bonheur parfait	perfektes Glück
le bonheur suprême	höchstes Glück
le bonheur sans nuages	ungetrübtes Glück
un bonheur intense	großes Glück
porter bonheur	Glück bringen
par bonheur	zum Glück, glücklicherweise
un porte-bonheur	Glücksbringer
un sentiment de bonheur	Glücksgefühl
rechercher du bonheur	Glück suchen
à la recherche du bonheur	auf der Suche nach Glück
être en quête du bonheur	auf der Suche nach Glück sein
faire le bonheur de qn	für das Glück von jdm verantwortlich sein
rendre qn heureux	jdn glücklich machen
être heureux, heureuse	glücklich sein
être malheureux, malheureuse	unglücklich sein
nager dans le bonheur	im Glück baden
être content, contente	zufrieden sein
être mécontent, mécontente	unzufrieden sein
être satisfait, satisfaite	zufrieden sein
être insatisfait, insatisfaite	unzufrieden sein
connaître le secret du bonheur	das Geheimnis des Glücks kennen
trouver le bonheur en faisant qc	sein Glück finden, indem man
éprouver un grand bonheur	ein großes Glück erleben
profiter des moments de bonheur	Glücksmomente genießen
se faire plaisir	sich eine Freude bereiten
faire plaisir à qn	jdm eine Freude bereiten
les petits plaisirs de la vie	die kleinen Freuden des Lebens
Le bonheur est quelquefois dans les choses simples.	Das Glück liegt manchmal in den einfachen Dingen.
Le malheur des uns fait le bonheur des autres.	Das Unglück der einen bedeutet das Glück der anderen.
L'argent ne fait pas le bonheur.	Geld macht nicht glücklich.

Une approche

1. *Décrivez les photos.*

2. *Formez des phrases qui créent un lien entre les différentes photos et le bonheur, p.ex.*

Quand je regarde cette photo–ci, j'éprouve un grand bonheur parce que ...

3. *Quelle image représente pour vous le plus grand bonheur ? Classez les photos de 1 à 6*
   (1=le plus grand bonheur, 6=le moins grand bonheur) et expliquez votre choix.

4. *Trouvez une « catégorie » du bonheur pour chaque photo (p. ex. la famille, la santé etc.) et notez-la en dessous*
   de la photo. Ajoutez d'autres photos si vous voulez !

5. *Lisez les citations suivantes sur le bonheur tirées du roman « Le voyage d'Hector ou la recherche du bonheur »*
   de François Lelord et choisissez celle qui va le mieux avec Philippe/Driss.

   « Le bonheur, c'est d'être avec des gens qu'on aime. »

   « Le bonheur, c'est d'avoir une occupation qu'on aime. »

   « Le bonheur c'est d'être aimé pour ce qu'on est. »

   Puis terminez la phrase suivante « Pour moi, le bonheur c'est ... » et lisez-la à vos camarades.

6. *Cherchez d'autres citations sur le bonheur sur internet et choisissez-en trois qui vous plaisent beaucoup. Présen-*
   tez-les à votre voisin et discutez-en.

Philippe et Driss heureux I

1. *Regardez les scènes suivantes dans lesquelles Driss et Philippe sont apparemment heureux. Remplissez le tableau pour expliquer l'origine de ce bonheur.*

Scènes	Origine du bonheur	
Titre de la scène	Driss	Philippe
Scène 1 :		
Scène 2 :		
Scène 3 :		
Scène 4 :		

2. *Résumez ces moments heureux en écrivant un petit texte. Référez-vous aussi à d'autres scènes du film si vous voulez. Commencez ainsi :*

« Philippe est heureux quand .... parce que ... etc. , Driss est heureux quand ... parce que ... etc »

Klett

Les sports extrêmes

1. *Regardez encore une fois la scène du parapente et notez tous les mots qui représentent le bonheur de Philippe.*

2. *Lisez la définition suivante de l'expression « sport extrême ».*

> Un « sport extrême » est un terme populaire désignant une activité sportive particulièrement dangereuse pouvant exposer à des blessures graves en cas d›erreurs dans son exercice. Ces sports peuvent se pratiquer sur mer, dans le ciel ou sur terre. Ils impliquent souvent vitesse, hauteur, engagement physique, ainsi qu›un matériel spécifique. [...]
>
> source : Wikipedia

3. *Notez des activités sportives qui, à votre avis, font partie des « sports extrêmes ». Utilisez un dictionnaire si vous ne connaissez pas les mots en français.*

4. *Discutez en classe : est-ce qu'une de ces activités sportives pourraient vous rendre heureux ? Donnez des arguments.*

5. *Lisez la publicité suivante pour un baptême en parapente comme Driss en fait un dans le film.*

Vous souhaitez découvrir le parapente, alors venez effectuer un baptême en parapente pour faire une première approche de cette activité. Évadez-vous en parapente et venez découvrir la douce sensation du vol en plein ciel.
N'hésitez plus pour découvrir le plaisir du vol libre au-dessus des plus beaux panoramas français : des Alpes aux Pyrénées, de la mer Méditerranée à l'océan Atlantique, du Massif Central au Massif Vosgien, venez admirer les beaux paysages qui défilent sous vos pieds.
Le baptême en parapente est accompagné par un pilote professionnel et équipé de tout le matériel nécessaire. Vous pouvez effectuer un vol en tandem dans un parapente biplace. Envolez-vous dans les airs en toute confiance et en toute sérénité, votre pilote s'occupe de tout.
Enfin, après avoir vécu ces moments de bonheur en plein ciel, c'est en toute douceur que votre moniteur diplômé d'État effectuera votre atterrissage.
Une chose est sûre, après avoir connu toutes les sensations fortes du vol libre et ces moments d'extrême liberté en plein ciel, vous n'aurez plus qu'une envie : revenir ! [...]

d'après : http://baptemeparapente.com/ (texte modifié et abrégé)

6. *Soulignez tous les mots qui promettent un sentiment de bonheur pendant le vol de parapente. Comparez-les avec les mots que vous aviez notés pour l'activité 1.*

7. *Cette publicité vous paraît-elle convaincante ? Est-ce qu'elle vous donne envie de faire un baptême en parapente ? Discutez-en avec votre voisin !*

8. *Imaginez que Philippe, avant qu'il emmène Driss à la montagne, lui ait lu cette publicité pour le convaincre de faire un baptême en parapente. Imaginez leur conversation et présentez-la aux autres.*

Philippe heureux/malheureux

1. *Décrivez les photos.*

2. *Classez ces deux photos dans l'histoire du film. Expliquez pourquoi Philippe est heureux/malheureux à ce moment-là.*

3. *Après le départ de Driss, Philippe déprime de plus en plus. Magalie et Yvonne décident de remettre une annonce dans le journal pour trouver un nouvel « auxiliaire de vie » pour Philippe qui corresponde vraiment à ce dont Philippe a besoin. Résumez quelles capacités et quels traits de caractères elles demandent :*
   « Il faut qu'il soit …., qu'il ne soit pas … « etc.
   Faites attention à l'emploi du subjonctif !

4. *Inventez ensuite une scène entre Magalie et Yvonne dans laquelle elle parlent de Philippe et d'un nouvel auxiliaire de vie (après la scène 85).*

5. *Écrivez l'annonce pour le journal selon le modèle ci-dessous.*

> Lieu : Nice (06100)
>
> **Recherche babysitter**
>
> Bonjour,
> Nous recherchons une personne
> de confiance, sérieuse et fiable
> pour aller chercher nos enfants (5
> et 7 ans) à l'école tous les jours de
> la semaine (quartier Mont Boron).
> Horaires : 17h30–19h

Les petits plaisirs de la vie

1. *Voici des petits plaisirs de la vie. Choisissez ceux qui pourraient vous rendre plus heureux. Ajoutez-en d'autres si vous voulez et expliquez votre choix.*

faire une sieste

faire du bénévolat
auprès des enfants / des
personnes âgées …

aller au zoo

écouter de la musique

faire du jogging

aller à la plage

faire du shopping

aller se promener

cuisiner

aller à la piscine

sortir avec des amis

voyager

lire un bon livre

regarder la télévision
dans son lit

s'embrasser

sortir le chien

aller chez le coiffeur

manger du chocolat

prendre une bonne
douche après le sport

aller au cinéma

coucher à la belle étoile

offrir des cadeaux

avoir un rêve éveillé

faire une grasse matinée

jouer au football

parler une langue étrangère

2. *Choisissez les activités dont Philippe pourrait également profiter et soulignez-les.*

3. *Imaginez, qu'après le départ de Driss, Yvonne propose quelques-unes de ces activités à Philippe et que celui-ci lui répond. Écrivez ce dialogue.*

Philippe et Driss heureux II

1. Regardez la dernière scène du film.

2. Terminez les phrases suivantes :

À la fin du film, Philippe est heureux parce que ...

Driss est heureux parce que ...

3. Imaginez ce que Philippe pense de Driss dans cette situation et vice versa. Écrivez l'un des deux monologues intérieurs.

© Ernst Klett Sprachen GmbH, Stuttgart 2013 | www.klett.de | Alle Rechte vorbehalten
Kopieren für den eigenen Unterrichtsgebrauch gestattet.
ISBN 978-3-12-598438-7

Une fin heureuse

1. *Décrivez les photos et montrez en quoi elles soulignent la fin heureuse de ce film.*

Philippe Pozzo Di Borgo vit aujourd'hui au Maroc. Remarié, il est père de deux petites filles.

Abdel Sellou est devenu chef d'entreprise, il est marié et père de trois enfants.

Philippe Pozzo Di Borgo vit aujourd'hui au Maroc.
Remarié, il est père de deux petites filles.

Abdel Sellou est devenu chef d'entreprise,
il est marié et père de trois enfants.

2. *Analysez dans quelle mesure Abdel/Driss a aidé Philippe à devenir ce qu'il est aujourd'hui et vice versa.*
   Remplissez le tableau suivant en utilisant des verbes comme « aider, initier, montrer, encourager, accompagner, instruire » etc.

Philippe	a aidé	Abdel/Driss	à prendre des responsabilités.
Abdel/Driss	a aidé	Philippe	à

3. *Imaginez la vie de Philippe s'il n'avait pas fait la connaissance d'Abdel/Driss et celle d'Abdel/Driss sans qu'il connaisse Philippe. Écrivez au moins cinq phrases pour chacun. Commencez ainsi :*
   Si Philippe n'avait pas fait la connaissance d'Abdel/Driss, il ...
   Si Driss n'avait pas connu Philippe, il ...

4. *Imaginez que Philippe et Abdel/Driss ont chacun ces deux photos dans leurs albums de famille. Inventez une scène supplémentaire au film qui pourrait servir de générique dans laquelle Philippe et Abdel/Driss montrent ces photos à leurs enfants en leur parlant de ce qu'ils ont vécu. Respectez les règles du scénario.*

Un film qui rend heureux

1. *Lisez ce texte sur le film « Intouchables »*

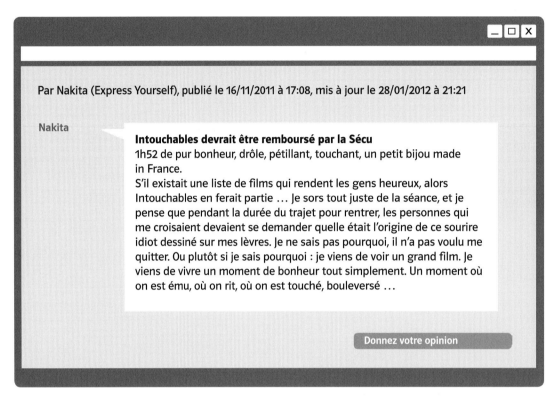

Par Nakita (Express Yourself), publié le 16/11/2011 à 17:08, mis à jour le 28/01/2012 à 21:21

Nakita

Intouchables devrait être remboursé par la Sécu
1h52 de pur bonheur, drôle, pétillant, touchant, un petit bijou made in France.
S'il existait une liste de films qui rendent les gens heureux, alors Intouchables en ferait partie … Je sors tout juste de la séance, et je pense que pendant la durée du trajet pour rentrer, les personnes qui me croisaient devaient se demander quelle était l'origine de ce sourire idiot dessiné sur mes lèvres. Je ne sais pas pourquoi, il n'a pas voulu me quitter. Ou plutôt si je sais pourquoi : je viens de voir un grand film. Je viens de vivre un moment de bonheur tout simplement. Un moment où on est ému, où on rit, où on est touché, bouleversé …

Donnez votre opinion

source : http://www.lexpress.fr/culture/cinema/intouchables-devrait-etre-rembourse-par-la-secu_1051858.html

2. *Analysez le commentaire de Nakita.*

3. *Expliquez le titre du texte.*

4. *« Intouchables » a souvent été jugé comme « un moment de bonheur » ou comme « un film qui rend heureux ».*
Commentez ces citations !

5. *Nakita parle d'une « liste de films qui rendent les gens heureux ». D'après vous quels films en feraient partie ?*
Pourquoi ? Parlez-en avec vos camarades.

4 Être handicapé dans notre société

In diesem Modul beschäftigen sich die SuS mit dem Thema „Behinderung" und reflektieren, wie ein wünschenswerter Umgang mit behinderten Menschen aussieht. Anstelle der politisch korrekteren Bezeichnungen „PMR" / „personne déficiente" o.ä. wird im Folgenden das Wort „handicapé" verwendet, da dies mehr dem Sprachniveau der SuS entspricht und in der Alltagssprache gebräuchlich ist.

Le vocabulaire

Kopiervorlage 4.1 ▼

Erläuterungen

Die Vokabelliste mit Übungen zur Selbstkontrolle wird zu Beginn der Arbeit mit diesem Modul an die SuS ausgeteilt.

Approche: les défis pour un handicapé

Kopiervorlage 4.2
Sprechen (Beschreiben)
mündliche Sprachmittlung

Ziele

- für die Themen „Behinderung" und „Barrieren im Alltag" sensibilisieren
- ein Bild beschreiben
- Informationen in die Fremdsprache übertragen

Sozialformen

- Partnerarbeit, Unterrichtsgespräch

Erläuterungen

Die SuS bereiten zunächst den Arbeitsauftrag in Stillarbeit vor (ggf. Notieren von Stichpunkten), anschließend erfolgt der Dialog in Partnerarbeit und die Ergebnissicherung im Plenum. Dabei sollte auch, im Sinne der kulturellen Sprachmittlung, darauf eingegangen werden, was „Aktion Mensch" bedeutet.

Die Auswertung des Beobachtungsauftrages erfolgt einige Tage später und soll den Blick für die Herausforderungen eines Rollstuhlfahrers schärfen.

Les sentiments d'un handicapé

Kopiervorlage 4.3 ▼

Filmsequenz (für Aufgabe 2): 0:38:10- 0:40:45
Drehbuch: 34

Ziele

Sprechen (Beschreiben / Nacherzählen)
Hörsehverstehen

- sich in Philippe und seine Gefühle als Behinderter hineinversetzen
- für filmsprachliche Mittel sensibilisieren

Sozialformen

- Elnzelarbelt, Partnerarbeit, Unterrichtsgesprach

Erläuterungen

Als Binnendifferenzierung / in der Oberstufe wird für die (leistungsstärkeren) SuS die Kopiervorlage ohne die Gefühlsbezeichnungen vervielfältigt oder die SuS klappen die Sentiments-Wörter selbst zur Seite und versuchen von sich aus, geeignete Kategorisierungen zu finden. Nach dem Zuordnen der Fotos erfolgt zur Aktivierung aller SuS das kurze Nacherzählen der jeweiligen Szenen in Partnerarbeit, wobei abwechselnd ein SuS dem anderen die Handlung beschreibt. Die Wirkung und der Mehrwert der filmsprachlichen Mittel wird durch den Vergleich mit dem rein schriftlichen Drehbuchtext noch deutlicher.

Kopiervorlage 4.4
Leseverstehen

La nouvelle vision du monde d'un handicapé

Ziele
- Hintergrundinformationen über Philippe erhalten
- über unterschiedliche Lebenskonzepte reflektieren

Sozialformen
- Einzelarbeit, Unterrichtsgespräch

Erläuterungen
Die Verständnissicherung des Textes erfolgt durch Notieren der zentralen Aussagen in eigenen Worten in Stillarbeit und wird im anschließenden Unterrichtsgespräch gesichert.

Kopiervorlage 4.5 ▼

(Monologisches) Sprechen
Hörsehverstehen oder Leseverstehen (bei Arbeit mit dem Drehbuchtext)

Les réactions fréquentes à l'égard d'un handicapé
Filmsequenz für Aufgabe 3: 0:33:10 – 0:34:48
Drehbuch: 29

Ziele
- sich in Figuren hineinversetzen

Sozialformen
- Partnerarbeit, Unterrichtsgespräch, Einzelarbeit

Erläuterungen
Für Aufgabe 1 erhalten die SuS zunächst eine kurze Vorbereitungszeit in Stillarbeit (zum Notieren von Stichpunkten) und tragen dann ihren Monolog ihrem Banknachbarn vor. Anschließend können im Blitzlicht-Verfahren typische Gedanken beim Sehen eines Rollstuhlfahrers gesammelt werden.

Die Beantwortung von Aufgabe 2 überlegen sich die SuS zuerst in Partnerarbeit; anschließend können verschiedene Aspekte im Plenum zusammengetragen werden.

Für die Beantwortung der Fragen von Aufgabe 3 kann die Szene zwei Mal vorgeführt werden. Die Bearbeitung dieses Arbeitsauftrages ist leichter, wenn die SuS die Szene im Drehbuch lesen.

Kopiervorlage 4.6

Leseverstehen

Les réactions idéales : un manifeste pour une société ouverte aux handicapés

Ziele
- über unsere Gesellschaft und den (eigenen) Umgang mit Behinderten reflektieren

Sozialformen
- Einzelarbeit, Unterrichtsgespräch

Erläuterungen

Das Beantworten der Fragen erfolgt in Stillarbeit und wird im anschließenden Unterrichtsgespräch gesichert.

Médiation (allemand → français): une interview avec Philippe Pozzo di Borgo et Samuel Koch

Ziele

- Hintergrundinformationen über das Leben als Behinderter bekommen
- die zentralen Informationen eines Textes in die Fremdsprache übertragen, unbekannte Wörter paraphrasieren

Sozialformen

- Einzel- oder Partnerarbeit

Erläuterungen

Um die Kontexteinbettung der Sprachmittlung möglichst authentisch zu gestalten, wurde ein Text ausgewählt, der um eine Person geht, die in Frankreich wohl relativ unbekannt ist: Samuel Koch. Der Name sagt den SuS sicherlich etwas. Koch ist im Dezember 2010 in der Fernsehsendung „Wetten dass …" schwer gestürzt und seitdem gelähmt. Aufgrund seines jugendlichen Alters bietet er den SuS ein höheres Identifikationspotential als Philippe. Der Text ist bewusst umfangreicher und den SuSn wird im Gegensatz dazu eine knappe Wortanzahl für die Sprachmittlung vorgegeben, damit sie üben können, möglichst kurz zusammenzufassen (etwa einen Satz pro Antwort) und nicht alle Details wiederzugeben. Als Vorentlastung ist es empfehlenswert, im Unterrichtsgespräch einige Paraphrasierungen für zentrale Begriffe („Wetten, dass …" usw.) zu sammeln. Alternativ kann mit diesem Text auch die selektive Sprachmittlung geübt werden, indem der Lehrer nur einen Aspekt vorgibt, der in die Fremdsprache übertragen werden soll (z.B. was zum Thema „Umgang mit Behinderten" gesagt wird).

Kopiervorlage 4.7 ▼

Sprachmittlung

Rire sur les handicapés ?

Filmsequenz: 0:32:14 – 0:32:57
Drehbuch: 28

Ziele

- sich mit verschiedenen Sichtweisen zu einer strittigen Frage auseinandersetzen und zu einer eigenen, begründeten Meinung kommen

Sozialformen

- Einzelarbeit, Partnerarbeit, Unterrichtsgespräch

Erläuterungen

Die Umfrage für Aufgabe 2 kann mit Handzeichen oder anonym an der Tafel durchgeführt werden: Dazu werden zwei Blätter aufgehängt, ein Papier mit „oui", eines mit „non", und jeder SuS kommt nach vorne und macht mit seinem Stift einen Strich auf das Blatt, das seiner Meinung entspricht (Dadurch geht die Abstimmung schneller, da jeder SuS einen Stift in der Hand hat und nicht die Kreiden erst noch

Kopiervorlage 4.8 ▼

Hörsehverstehen
Leseverstehen
Schreiben (eine Meinung begründen)

an die nächsten SuS weitergegeben werden müssen; zudem stehen die Blätter mit dem Umfrageergebnis dauerhaft zur Verfügung und können z. B. für eine Wiederholung oder Rechenschaftsablage in der Folgestunde nochmals genutzt werden.)

Anschließend wird das Ergebnis versprachlicht und mit der Umfrage im Forum von *Le Figaro* verglichen: 4650 Teilnehmer, 70 % pro, 30 % kontra.

Die Anlehnung an eine authentische Online-Umfrage und das Lesen von Original-Kommentaren soll eine höhere Motivation der SuS bewirken, sich mit dem Thema auseinanderzusetzen.

Nach der Bearbeitung von Aufgabe 3 erklären die SuS ihrem Banknachbarn (zur Aktivierung möglichst vieler SuS), warum sie die jeweiligen Kommentare mit dem zustimmenden oder dem ablehnenden Daumenzeichen versehen haben, und lesen ihren eigenen Kommentar dazu vor. Anschließend können einzelne Ergebnisse im Plenum zusammengetragen werden.

Kopiervorlage 4.9 ▼
Internetrecherche
kreatives Gestalten
Schreiben (Argumentieren)

Une année sociale auprès des handicapés
Ziele
- sich mit dem für die SuS persönlich relevanten Thema „FSJ" auseinandersetzen
- Informationen im Internet suchen
- argumentieren und einen Standpunkt vertreten

Sozialformen
- Gruppenarbeit (Aufgabe a); Einzelarbeit (Aufgabe b)

Erläuterungen
Aufgabe a stellt eine kreative Vorbereitung auf das Schreiben des Commentaire personnel (Aufgabe b) dar und kann bei Zeitmangel auch weggelassen werden (oder umgekehrt). Die Endabstimmung, welche Werbebroschüre am geeignetsten ist, kann im Zuge eines Rollenspiels erfolgen, bei dem verschiedene Vertreter der association „Simon de Cyrène" miteinander die Vorschläge diskutieren.

Anmerkung: Der Name „Simon de Cyrène" geht auf Simon von Kyrene zurück, der Jesus geholfen hat, das Kreuz auf den Hügel Golgatha zu tragen. Im Unterrichtsgespräch kann erarbeitet werden, warum dieser Namenspatron für den Verein gewählt wurde (im Sinne von Schwächeren helfen usw.).

Le vocabulaire : parler du handicap

un, e handicapé, e	ein(e) Behinderte(r)
être handicapé, e	behindert sein
un handicap physique / mental	eine körperliche / geistige Behinderung
être paralysé, e un, e paralysé, e	gelähmt sein ein(e) Gelähmte(r)
un, e tétraplégique	ein(e) Querschnittsgelähmte(r)
une personne à mobilité réduite (PMR)	eine Person mit eingeschränkter Mobilität
être accessible pour les PMR	behindertengerecht, barrierefrei zugänglich sein
être équipé, e pour les PMR	behindertengerecht, barrierefrei ausgestattet sein
un fauteuil roulant	ein Rollstuhl
une barrière	ein Hindernis, eine Barriere
être en bonne santé (→ la santé)	gesund sein (→ die Gesundheit)
être valide	gesund / fit sein
être bien / mal portant	jdm geht es gesundheitlich gut / schlecht
performant, e	leistungsfähig, leistungsstark
la performance	die Leistungsfähigkeit
faible	schwach
une faiblesse	eine Schwäche
la douleur	der Schmerz
douloureux, douloureuse	schmerzhaft
un antidouleur	ein Schmerzmittel
se sentir mal à l'aise	sich unwohl fühlen
un mal-être	ein Unbehagen
être désespéré, e	verzweifelt sein
le désespoir	die Verzweiflung
la détresse	die Verzweiflung
la honte	die Scham
avoir honte de qn/qc	sich für jdn/etw schämen
un entourage	eine Umgebung
dépendre de qn	von jdm abhängen
être dépendant, e	abhängig sein
la dépendance	die Abhängigkeit
la bienveillance	das Wohlwollen
bienveillant, e	wohlwollend
la compassion	das Mitleid
soutenir qn	jdn unterstützen

un soutien	eine Unterstützung
rendre service à qn	jdm behilflich sein, helfen, einen Gefallen tun
s'occuper de qn/qc	sich um jdn/etw kümmern
être solidaire	solidarisch sein
la solidarité	die Solidarität
consoler qn	jdn trösten
encourager qn à faire qc	jdn ermutigen etw zu tun
prendre qn au sérieux	jdn ernst nehmen
le respect mutuel	der gegenseitige Respekt
une insertion	eine Eingliederung, Integration
détourner son regard	seinen Blick abwenden
se méfier de qn/qc	jdm/etw misstrauen
la méfiance	das Misstrauen
profiter de qn	jdn ausnutzen
décevoir qn: je déçois, nous décevons, ils déçoivent, j'ai déçu	jdn enttäuschen
la déception	die Enttäuschung
être déçu(e)	enttäuscht sein
rejeter qn	jdn ablehnen
le rejet	die Ablehnung
offenser qn	jdn beleidigen
une offense	eine Beleidigung
mépriser qn	jdn verachten
le mépris	die Verachtung

1. Cherchez les synonymes.

a) un handicapé =	un p _____
	un t _____
	une p _____
b) être valide =	être b _____ p _____
	être p _____
c) le désespoir =	la d _____

2. Les réactions à l'égard d'un handicapé

a) les réactions positives : être b_____, s_____

qn, r_____ qn, s'o_____ qn,

être s_____, c_____ qn,

e_____ qn, p_____

b) les réactions négatives : avoir h_____ qn, d_____

son r_____, se m_____ qn,

p_____ qn, r_____ qn,

o_____ qn, m_____ qn

Les solutions :

mépriser qn

b) les réactions négatives : avoir honte de qn, détourner son regard, se méfier de qn, profiter de qn, rejeter qn, offenser qn,
encourager qn, prendre qn au sérieux

a) les réactions positives : être bienveillant, soutenir qn, rendre service à qn, s'occuper de qn, être solidaire, consoler qn,

c) la détresse

b) être bien portant ; être performant

1. a) un paralysé ; un tétraplégique ; une personne à mobilité réduite / PMR

Approche : les défis pour un handicapé

1. *À deux. Jouez le dialogue suivant : L'un est un/e correspondant/e français/e qui est en Allemagne, l'autre est allemand/e. Le/la Français/e voit cette affiche et décrit le dessin. Mais il/elle ne comprend pas le texte et le but de cette publicité, donc l'Allemand/e le lui explique.*

2. *Après, discutez sur le sujet : quelles barrières y a-t-il concrètement dans la vie quotidienne (au sens littéral et au sens figuré) ?*

3. *Pendant les prochains jours, regardez les lieux où vous êtes (l'école, le centre-ville, la gare, des cafés, des magasins etc.) avec les yeux d'une personne en fauteuil roulant. Où y a-t-il des barrières ?*
   Après, racontez en classe : quelles (sortes de) barrières avez-vous trouvées ? Est-ce qu'il y en a beaucoup ou est-ce que, en général, nos lieux sont déjà bien aménagés pour les handicapés ?

Les sentiments d'un handicapé

Quels sont les sentiments de Philippe en tant que tétraplégique ?

1. *Écrivez à côté de chaque sentiment les numéros des scènes dans lesquelles Philippe a ce sentiment (parfois, plusieurs solutions sont possibles). Expliquez ce qui se passe dans chacune de ces scènes de film et pourquoi Philippe se sent comme cela.*

le désespoir / la détresse : _____

la dépression : _____

le sentiment de dépendance : _____

le sentiment d'immobilité : _____

le sentiment d'inutilité : _____

la douleur : _____

la solitude : _____

2. *Voici le texte du scénario de la scène qui correspond à la photo 4.*

> *DRISS entre dans la chambre de PHILIPPE qui souffre. Allongé sur son lit, il transpire à grosses gouttes.*
>
> **DRISS** (*inquiet*) Oh, ça va ? Je vous mets la musique ?
>
> *DRISS s'approche de PHILIPPE, lui passe un gant d'eau froide sur le front.*
>
> **DRISS** Tranquille … Calme, calme … Philippe … Philippe … Oh Philippe ? Essayez de vous calmer, respirez doucement, vous êtes avec moi ? Tranquille. Essayez de respirer doucement, tranquille … ça va aller.
>
> *PHILIPPE semble s'être calmé. Les gestes de DRISS lui font du bien.*

Regardez cette scène. Analysez comment la mimique, la musique de fond et la caméra contribuent à mettre le texte en valeur et à montrer les sentiments de Philippe (bien que Philippe ne les exprime pas directement par des paroles).

La nouvelle vision du monde d'un handicapé

Quelques mois après la sortie du film, Philippe Pozzo di Borgo a publié, avec deux autres auteurs, le livre « Tous intouchables ? ». Il y raconte que son accident a complètement changé sa vie, ses attitudes et sa façon de penser. Lisez l'extrait suivant et complétez le graphique.

Auparavant, je ne remarquais pas les personnes souffrant d'un handicap. Je ne voyais pas les personnes âgées non plus. J'avais les yeux fixés sur mon point d'arrivée et j'ignorais totalement les individus abandonnés sur le bord de la route. […] J'étais […] totalement imbriqué dans les comportements sociaux qu'on attendait de moi. […] Je n'étais jamais
5 complètement présent, attentif à ce que je vivais.
Soudain, le handicap m'a brutalement immobilisé. La fragilité m'a ôté la notion d'avenir qui avait été la mienne auparavant. Et si ça ne suffisait pas pour me ramener à l'instant présent, la douleur s'en est chargée. Je souffre en permanence et je ne suis pas le seul dans ce monde à cohabiter avec la douleur. Je n'en avais pas fait l'expérience auparavant, et croyez-moi, elle
10 peut être insupportable. Ma seule solution pour vivre avec cet inconfort terrible est de me concentrer sur l'instant présent. Je suis dans la seconde. Je ne me projette pas dans un avenir avec ou sans la souffrance. J'occupe le présent sur lequel je passais tellement vite avant mon accident. […]
La personne handicapée a appris, en le payant parfois très cher, que les valeurs promues par
15 la société – efficacité, rentabilité, performance – ne se conjuguent pas avec le bonheur. Celui-ci s'inscrit dans l'interdépendance. […]
J'aimerais bien redevenir valide, pouvoir de nouveau marcher, bouger, prendre mes enfants dans les bras, cesser de souffrir. Malgré l'intensité de ce désir, je ne vois pas l'intérêt de retrouver l'usage de mon corps sans bénéficier de tout ce que le handicap m'a apporté. Recommen-
20 cer la course folle pour correspondre aux normes de notre société est une compétition perdue d'avance, car la fragilité finit toujours, d'une façon ou d'une autre, par nous rattraper. […] Je vis plus intensément et je vois plus clairement qu'auparavant. Il a fallu que je sois dans un fauteuil avec ma mentalité d'handicapé pour apprécier pleinement le sens de la vie. Oui, j'aimerais redevenir valide, mais à la seule et unique condition de pouvoir garder mon invali-
25 dité dans ma tête. N'attendez pas d'être Intouchable pour réapprendre le goût du bonheur.

Philippe Pozzo di Borgo / Jean Vanier / Laurent de Cherisey : Tous Intouchables ? Éditions Bayard Jeunesse (p.13, 34, 58, 88 – 89)

4 imbriqué *ici* : verflochten – **6 ôter** wegnehmen – **7 auparavant** avant – **10 insupportable** unerträglich – **14 promu** → **promouvoir** fördern – **18 cesser** arrêter – **19 bénéficier** profiter – **24 valide** ≠ handicapé

avant l'accident :

l'accident

après l'accident :

 Klett

Les réactions fréquentes à l'égard d'un handicapé

1. *Travaillez à deux et mettez-vous dans la peau d'un des passants (l'un pour la photo 1, l'autre pour la photo 2). Racontez à votre voisin pourquoi vous êtes dans la rue, ce que vous avez fait avant et ce que vous allez faire après. Puis, dites ce que vous pensez de cet homme en fauteuil roulant qui passe à côté de vous. Comparez en classe vos pensées à l'égard d'un handicapé.*

2. *Imaginez que vous êtes handicapé comme Philippe : quelles sont les pensées et les réactions que vous aimeriez recevoir de votre entourage ?*

3. *Lisez la scène où Antoine Legendre s'inquiète du fait que Driss soit le nouvel auxiliaire de vie de Philippe et veut le mettre en garde (scénario, pages 53–54). Prenez des notes pour répondre aux questions suivantes :*

    a) *Pourquoi Antoine veut-il empêcher Philippe d'embaucher Driss ?*

    b) *Comment Philippe définit-il la façon dont il veut être traité ? Pourquoi aime-t-il donc le comportement de Driss ?*

© Ernst Klett Sprachen GmbH, Stuttgart 2013 | www.klett.de | Alle Rechte vorbehalten
Kopieren für den eigenen Unterrichtsgebrauch gestattet.
ISBN 978-3-12-598438-7

Les réactions idéales : un manifeste pour une société ouverte aux handicapés

Quelques mois après la sortie du film, Philippe Pozzo di Borgo a publié un manifeste en collaboration avec Jean Vanier et Laurent de Cherisey. Voici des extraits de ce livre « Tous intouchables ? ».

La valeur d'une vie ne se résume pas …] à l'efficacité […] que nous affichons. Elle tient aussi pour beaucoup à notre capacité à entrer en relation avec l'autre. Si nous dépassons nos peurs de la différence, […] la vie peut retrouver un sens, être à nouveau drôle, tendre et profonde. […] C'est la raison pour laquelle nous lançons un appel. Il n'est en aucun cas une
5 théorie politicienne ou une réflexion philosophique, mais un appel à l'espérance. […] Oui, la société peut devenir plus juste, plus humaine si nous acceptons de renouer avec le sens profond de la fraternité. […]
Le handicap, c'est quoi ? – Le regard des autres. […] Un certain regard écarte la personne handicapée de la société et la prive des relations dont elle a soif. Nous parlons de ce regard
10 qui blesse, qui nous exclut. […] Le regard qui exclut nous réduit à nos dysfonctionnements. […] Nous ne recherchons pas vos pleurs, mais un autre regard qui nous maintiendrait entiers. Nous avons soif d'un sourire, d'un échange qui nous confortent parce qu'ils nous disent que nous existons, que nous avons de la valeur. […]
Le handicap entraîne une angoisse réelle qui provient du sentiment d'être abandonné, de
15 ne pas se sentir aimé, de n'avoir aucune place dans sa famille, dans la société ou dans la communauté. Nous cherchons un coupable à cette situation, et si nous ne le trouvons pas, nous nous condamnons nous-mêmes. […] Nous avons besoin que les gens viennent à nous, parce que notre handicap nous empêche trop souvent d'aller vers eux. […] Les personnes atteintes de handicap […] ont une soif incroyable de relation et d'amitié. Notre regard est le
20 premier pas pour répondre à cette attente. […]
Nous affirmons que le fait de donner notre amitié à ceux qui sont faibles nous libère d'un monde individualiste, fondé sur la concurrence […] et participe à la construction d'un avenir plus humain. […]
Les personnes handicapées, en dehors des normes de la société, peuvent devenir les messa-
25 gers d'un monde nouveau vers lequel nous diriger, non plus dominé par la violence, l'agressivité et l'injustice mais par la solidarité et l'accueil. […]
Nous savons au plus profond de nous-mêmes qu'il est urgent de sauver notre société de la situation où elle s'enlise pour la faire évoluer vers l'espérance et l'acceptation de nos différences. N'est-ce pas la raison pour laquelle nous avons été aussi nombreux à voir un film où
30 deux souffrances réunies débouchent sur une joie de vivre ?

Philippe Pozzo di Borgo / Jean Vanier / Laurent de Cherisey :
Tous Intouchables ? Éditions Bayard Jeunesse (p.11, 39 – 43, 59, 79, 83)

1 la valeur Wert – **2 dépasser** überwinden – **6 renouer avec qc** zu etw zurückfinden – **8 écarter qn de qc** jdn von etw ausschließen – **9 priver qn de qc** jdm etw entziehen – **11 maintenir qn** jdn aufrechterhalten – **14 une angoisse** une peur – **14 abandonné** seul – **16 un coupable** un responsable – **17 se condamner** sich verdammen – **18 empêcher** hindern – **24 en dehors de qc** außerhalb von – **26 l'accueil** *m* Aufnahme – **28 s'enliser** stecken bleiben – **30 la souffrance** Leiden – **30 déboucher sur qc** conduire à qc (führen zu) – **30 la joie** Freude

1. *Comment les auteurs caractérisent-ils la société actuelle ?*

2. *Qu'est-ce qui est, selon les auteurs, important dans la vie et dans une société ?*

3. *Expliquez la phrase : « Le handicap, c'est quoi ? – Le regard des autres. » (l.8)*

4. *Comment les auteurs expliquent-ils le succès du film « Intouchables » ?*

Médiation : une interview avec Philippe Pozzo di Borgo et Samuel Koch

Quand ton/ta correspondant(e) français(e) est chez toi, il/elle voit le magazine « Spiegel » sur la table avec une photo de Philippe Pozzo di Borgo et Samuel Koch. Comme il/elle connaît seulement Philippe, il/elle te demande
– qui est l'autre homme sur la photo

– pourquoi il est paralysé (ton/ta correspondant(e) français(e) ne connaît pas non plus l'émission de télé « Wetten, dass … », tu dois donc lui expliquer ce que c'est)

– ce que les deux racontent dans l'interview.

Tu lui réponds. Écris votre dialogue dans lequel tu résumes brièvement les informations essentielles (environ 280–300 mots).

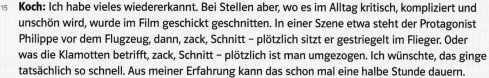

[…] Philippe Pozzo di Borgo, 61, dessen Autobiografie die Vorlage für den Kinohit „Ziemlich beste Freunde" lieferte […], stürzte 1993 im Alter von 42 Jahren beim Paragliding vom Himmel und brach sich das Rückgrat. […] Samuel Koch,
5   24, war von klein auf ein Bewegungsfreak, begann mit sechs Jahren mit dem Leistungsturnen, später gab es kaum eine Sportart, die er ausließ, auch Bungee-Jumping probierte er aus. [Am 4. Dezember 2010 prallte er] in der Sendung „Wetten, dass …?" mit dem Kopf gegen das Dach eines Autos. […] Beide
10 sind sogenannte Tetraplegiker, ihre Lähmung betrifft alle vier Gliedmaßen.
[…]
Spiegel: Herr Koch, zeigt der Film [Ziemlich beste Freunde] ein realistisches Bild vom Leben eines Querschnittsgelähmten?
15 **Koch:** Ich habe vieles wiedererkannt. Bei Stellen aber, wo es im Alltag kritisch, kompliziert und unschön wird, wurde im Film geschickt geschnitten. In einer Szene etwa steht der Protagonist Philippe vor dem Flugzeug, dann, zack, Schnitt – plötzlich sitzt er gestriegelt im Flieger. Oder was die Klamotten betrifft, zack, Schnitt – plötzlich ist man umgezogen. Ich wünschte, das ginge tatsächlich so schnell. Aus meiner Erfahrung kann das schon mal eine halbe Stunde dauern.
20 […]
Spiegel: Spüren Sie auch, dass die Menschen unbeholfen mit Ihnen umgehen? […] Welche Ungeschicklichkeiten erleben Sie im Umgang mit Ihnen?
[…]
Koch: Manche Leute reden mit mir, als wäre ich nicht nur körperlich, sondern auch geistig
25 behindert. Die beugen sich zu einem runter und fragen mit extremer Artikulation: „K-ö-n-n-e-n S-i-e d-i-e W-o-r-t-e v-e-r-s-t-e-h-e-n, d-i-e m-e-i-n-e-n M-u-n-d v-e-r-l-a-s-s-e-n?" – Dann sage ich: Ja, klar. Was ist mit dir los? Wieso redest du so komisch? Das gibt es durchaus, dass man mit so einem Rollstuhl schnell auch eine geistige Schwäche assoziiert. […]
Spiegel: Wie sehen Sie das inzwischen: Haben Ihre Unfälle einen Sinn?
30 **Koch:** […] Mir erschließt sich der Sinn meines Unfalls leider noch nicht so recht. Aber ich glaube, dass Gott auch auf krummen Zeilen gerade schreiben kann, beziehungsweise, dass er krumme Wege gerade machen kann und auch ich mir mit der Zeit einen Sinn erarbeiten kann.
Spiegel: Herr Pozzo di Borgo, Sie beschreiben in Ihrem Buch ausführlich, welch wichtige Rolle körperliche Nähe, Lust und Sex in Ihrem Leben spielten. Wie ist das seit Ihrem Unfall?

35 **Pozzo di Borgo:** Mit dem Unfall verliert man seine Sexualität, leider. Das Erste, was man mir im Krankenhaus nach meinem Unfall anbot, war ein Gespräch mit einem Sexualtherapeuten. Heute haben sie in dem Krankenhaus das Budget zusammengekürzt, und das Erste, was sie gestrichen haben, war die Stelle des Sexualtherapeuten. Dabei ist der plötzliche Verlust der Sexualität ein großes Problem für die Betroffenen. Es ist eine ganz banale neurologische Konsequenz des

40 Unfalls, dass einem diese Gefühls- und Erlebniswelt abhandenkommt. Ich hatte das große Glück mit Frauen verheiratet zu sein, die mit dem Verlust meiner Sexualität klargekommen sind. [...]

Koch: Ich hatte schon vor dem Unfall mit mir selbst vereinbart, dass ich mich nur noch auf meine zukünftige Ehefrau konzentrieren und mich allen möglichen oder nicht möglichen Liaisons entziehen werde, um ganz konservativ oder naiv auf die Richtige zu warten. Der Unfall hilft mir

45 jetzt ein Stück weit bei diesem Vorsatz.

[...]

Spiegel: Im Film sagt Philippe: „Die Jungs aus der Vorstadt haben kein Mitleid. Genau das ist es, was ich will. Kein Mitleid." Was ist das Schlimme an Mitleid?

Pozzo di Borgo: Mitleid heilt nicht. [...] Mitleid ist für Gesunde eine Art, sich zu schützen, ich

50 aber habe nichts davon.

[...]

Koch: Mitleid bringt niemandem etwas. Besser ist Mitgefühl. [...]

Spiegel: Herr Koch, Herr Pozzo di Borgo, wir danken Ihnen für dieses Gespräch.

Der Spiegel Nr. 29, 16.7.2012, S.110–118, Text gekürzt
Mit freundlicher Genehmigung von Der Spiegel, Philippe Pozzo di Borgo und Samuel Koch

Klett

Rire sur les handicapés ?

1. *Regardez la photo et / ou la scène à la galerie d'art et répondez aux questions suivantes :*

   a) *Pourquoi Driss rit-il ?*
   b) *Comment Philippe réagit-il à cette blague ?*

2. *Qu'est-ce que vous pensez : A-t-on le droit de faire des blagues sur les handicapés ? Faites un sondage en classe.*

3. *Dans son forum sur internet, le journal Le Figaro a fait un sondage sur la question suivante : « Comme dans le film Intouchables, peut-on rire du handicap ? » Lisez les commentaires de lecteurs. Marquez ceux avec lesquels vous êtes d'accord avec 👍 et ceux avec lesquels vous n'êtes pas d'accord avec 👎. Après, écrivez votre propre commentaire sur ce sujet.*

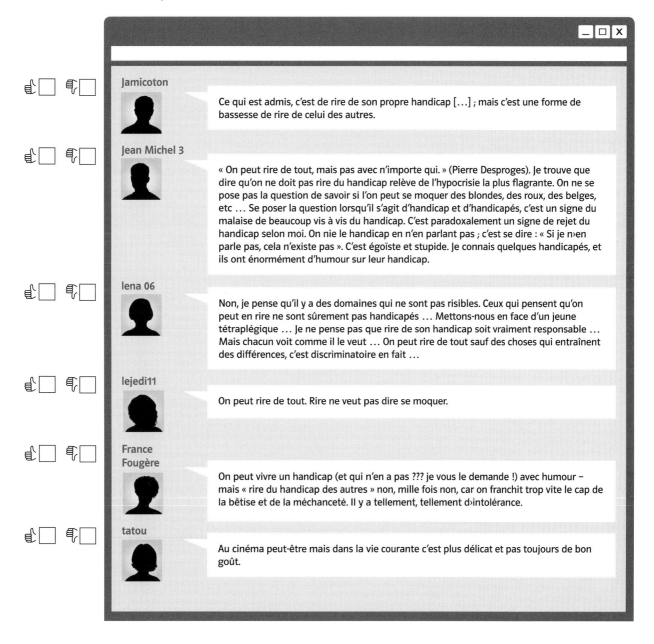

Jamicoton

Ce qui est admis, c'est de rire de son propre handicap [...] ; mais c'est une forme de bassesse de rire de celui des autres.

Jean Michel 3

« On peut rire de tout, mais pas avec n'importe qui. » (Pierre Desproges). Je trouve que dire qu'on ne doit pas rire du handicap relève de l'hypocrisie la plus flagrante. On ne se pose pas la question de savoir si l'on peut se moquer des blondes, des roux, des belges, etc … Se poser la question lorsqu'il s'agit d'handicap et d'handicapés, c'est un signe du malaise de beaucoup vis à vis du handicap. C'est paradoxalement un signe de rejet du handicap selon moi. On nie le handicap en n'en parlant pas ; c'est se dire : « Si je n›en parle pas, cela n'existe pas ». C'est égoïste et stupide. Je connais quelques handicapés, et ils ont énormément d'humour sur leur handicap.

lena 06

Non, je pense qu'il y a des domaines qui ne sont pas risibles. Ceux qui pensent qu'on peut en rire ne sont sûrement pas handicapés … Mettons-nous en face d'un jeune tétraplégique … Je ne pense pas que rire de son handicap soit vraiment responsable … Mais chacun voit comme il le veut … On peut rire de tout sauf des choses qui entraînent des différences, c'est discriminatoire en fait …

lejedi11

On peut rire de tout. Rire ne veut pas dire se moquer.

France Fougère

On peut vivre un handicap (et qui n'en a pas ??? je vous le demande !) avec humour – mais « rire du handicap des autres » non, mille fois non, car on franchit trop vite le cap de la bêtise et de la méchanceté. Il y a tellement, tellement d›intolérance.

tatou

Au cinéma peut-être mais dans la vie courante c'est plus délicat et pas toujours de bon goût.

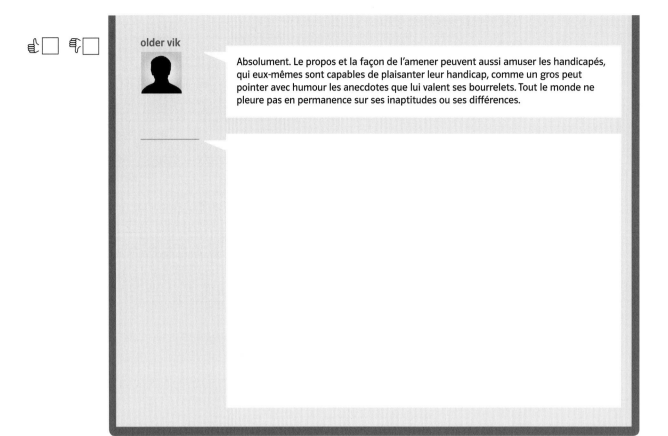

older vik

Absolument. Le propos et la façon de l'amener peuvent aussi amuser les handicapés, qui eux-mêmes sont capables de plaisanter leur handicap, comme un gros peut pointer avec humour les anecdotes que lui valent ses bourrelets. Tout le monde ne pleure pas en permanence sur ses inaptitudes ou ses différences.

source : http://www.lefigaro.fr/cinema/2011/11/01/03002-20111101QCMWWW00462-comme-dans-le-film-intouchables-peut-on-rire-du-handicap.php?page=&pagination=2

admis permis – **propre** eigen(e,s) – **la bassesse** Niederträchtigkeit, Erbärmlichkeit – **n'importe qui** irgendjemand – **l'hypocrisie** Scheinheiligkeit – **flagrant, e** évident, e – **un roux, une rousse** Rothaarige(r) – **le malaise** Unbehagen – **le rejet** Ablehnung – **nier qc** dire que qc n'existe pas – **risible** dont on peut rire – **franchir qc** etw überschreiten – **la méchanceté** le fait d'être méchant (Boshaftigkeit) – **la vie courante** la vraie vie – **délicat, e** heikel – **un, e gros, se** qn qui pèse lourd – **un bourrelet** Pölsterchen – **une inaptitude** Unfähigkeit

Une année sociale auprès des handicapés

a) Un prospectus de publicité pour une année sociale

1. *Renseignez-vous sur internet sur l'association « Simon de Cyrène » dont Philippe Pozzo di Borgo est président d'honneur. Présentez les résultats de votre recherche.*

> Pour accéder directement au site de l'association, tapez le **code Internet** 2gp56t dans le champ de recherche sur www.klett.de.

2. *Imaginez que cette association a lancé une compétition : elle voudrait avoir plus de bénévoles (= Freiwillige) qui font une année sociale dans une de leurs maisons et elle cherche la meilleure idée pour un nouveau prospectus de publicité. Travaillez en groupe et créez un tel prospectus. Après, présentez votre prospectus à la classe et comparez-le à ceux des autres groupes. À la fin, choisissez le meilleur prospectus.*

b) Commentaire personnel

Exposez, en 200 mots environ, vos idées sur le sujet suivant :
Faudrait-il faire une année sociale (auprès des handicapés) après le bac ?

Quelques expressions pour écrire un commentaire personnel

Pour l'introduction :
On peut se demander si / pourquoi … ; La question est de savoir si / pourquoi …

Pour le premier argument :
(Tout) d'abord, … ; Pour commencer, … ; Premièrement, …

Pour les autres arguments :
Deuxièmement, … ; De plus, … ; En outre, … ; Par ailleurs, … ; Puis, … ; Ensuite, … ; À part cela, … (abgesehen davon) ; Un autre avantage / inconvénient (Nachteil) / aspect est … ; Il faut ajouter que … ; Ce qui est encore plus important, c'est …

Pour donner un exemple :
en ce qui concerne (+ substantif) ; dans le domaine de (+ substantif) ; sur le plan (+ adjectif) ; du point de vue (+ adjectif) ; Cet exemple montre / confirme / prouve donc que …

Pour donner une raison / une conséquence :
parce que, comme (am Satzanfang: da), car (denn), puisque (da ja), par conséquent, ainsi (folglich), c'est la raison pour laquelle, c'est pourquoi, pour cette raison, en effet (nämlich, tatsächlich, in der Tat), pour que (+ subjonctif), de telle sorte que (+ subjonctif) (so dass)

Pour une opposition :
mais, pourtant, cependant, malgré (cela), par contre, au contraire, en revanche, bien que (+ subjonctif), tandis que / alors que (+ indicatif) ; d'une part – d'autre part ; d'un côté – de l'autre

Pour une comparaison :
De même, … ; Comparé à qc, … ; en comparaison avec qc ; à la différence de qc

Pour la fin :
En résumé, … ; Bref, … (= Kurz) ; Enfin, … ; Pour terminer, …

5 La banlieue

Kopiervorlage 5.1 ▼

Une approche
Filmsequenz: 0:17:16
Drehbuch: 15

Sprechen (Beschreiben)
Schreiben (*écriture creative*)
Lesen (Vortragen)

Ziele
- ein Bild beschreiben
- Adjektive zur Bildbeschreibung aktivieren
- sich in die Lage von Driss hineinversetzen
- Musik beschreiben und deren Funktion erkennen
- mit Hilfe der „conseils" einen inneren Monolog schreiben

Sozialformen
- Variante 1:Unterrichtsgespräch, Einzelarbeit
- Variante 2: Einzelarbeit, Partnerarbeit, Unterrichtsgespräch

Erläuterungen
- Variante 1: Die SuS beschreiben im Unterrichtsgespräch das Bild aus dem Pariser Vorort. Anschließend notieren sie Adjektive, welche von der Lehrkraft schriftlich fixiert werden. Die entsprechende Szene, in der Driss von seinem ersten „Besuch" bei Philippe nach Hause zurückkehrt, wird gezeigt. Die SuS versuchen, sich in seine Lage zu versetzen und verfassen davon ausgehend und mit Hilfe der Ratschläge auf der KV einen inneren Monolog. Es bietet sich an, ein Ergebnis mit dem erneuten Abspielen der Szene vortragen zu lassen, so dass der SuS die Stimme von Driss im OFF übernimmt.
- Variante 2: Es kann ebenso nach dem „Think-Pair-Share-Prinzip" gearbeitet werden.
- Für 1 und 2: Mithilfe der Ausdrücke beschreiben die SuS außerdem die gewählte Musik und versuchen deren Funktion in dieser Szene zu erläutern.

Kopiervorlage 5.2

Quelques infos

Leseverstehen
Wortschatzarbeit
Landeskunde
Lesen

Ziele
- einen unbekannten Text verstehen
- Informationen aus dem Text herausfiltern
- auf der Grundlage des Textes ein Vokabelnetz erstellen
- einen Bezug zu dem Film herstellen

Sozialformen
- Einzelarbeit, Partnerarbeit, Unterrichtsgespräch, Gruppenarbeit

Erläuterungen
Die SuS lesen und verstehen in Stillarbeit den Text. Um die Entstehung der Vorstädte nachvollziehen zu können, füllen die SuS die vorgegebene Tabelle aus, welche sie anschließend mit ihrem Nachbarn vergleichen. Da alle Informationen deutlich im Text zu finden sind, ist ein Vergleich im Plenum nicht zwingend notwendig. Alternativ kann die Tabelle jedoch auch über eine Folie im Unterrichtsgespräch verglichen werden.

Anschließend fertigen die SuS in Partnerarbeit auf der Basis des Textes ein Vokabelnetz zum Thema „banlieue" an, welches sie durch andere bereits bekannte Wörter erweitern. Ein Schülerpaar notiert dieses Vokabelnetz auf einer Folie, so dass es verglichen und durch andere Paare ergänzt werden kann. Um erfolgreich und kompetent über das Thema banlieue reden zu können, sollten die SuS die herausgearbeiteten Vokabeln lernen.

Um eine Verbindung zu dem Film „Intouchables" herzustellen, führen die SuS in Gruppenarbeit ein Gespräch über die Aspekte des Textes, welche in dem Film sichtbar werden.

Zusatzaufgabe/Referat :

Die folgende Aufgabe kann sowohl von allen SuSn bearbeitet und in Kleingruppen/ im Plenum besprochen als auch von einer Kleingruppe in Form eines Referates/ einer Powerpointpräsentation bearbeitet und vorgestellt werden.

Faites des recherches sur les « émeutes graves » de l'année 2005 sur Internet et présentez vos résultats à vos camarades.

La vie en banlieue

Ziele

- einen unbekannten Text verstehen
- Informationen unter verschiedenen Aufgabenstellungen aus dem Text herausfiltern
- verschiedene Stilmittel erkennen und erklären

Kopiervorlage 5.3
Leseverstehen
Schreiben (Analyse)

Sozialformen

- Einzelarbeit, Partnerarbeit

Erläuterungen

Die SuS lesen und verstehen in Stillarbeit/als vorentlastende Hausaufgabe den Textausschnitt aus der Autobiographie von Abdel Sellou. Es geht vor allem darum, Abdels Leben in der banlieue vor seinem Leben mit/bei Philippe kennen zu lernen und zu verstehen. Aus diesem Grunde sollen die SuS den vorliegenden Text unter bestimmten Gesichtspunkten genau analysieren. Dabei können „nebenbei" die Techniken des Zitierens eingeführt/reaktiviert werden. Die Aufgaben 2–4 können getrennt voneinander oder auch in einem Text von den SuSn bearbeitet werden.

Die Aufgabe 5 kann ebenfalls als eine analytische Aufgabe verstanden und von den SuSn schriftlich erfüllt werden. Alternativ können die SuS sich jedoch auch in den „heutigen" Abdel hineinversetzen und in einem Interview/inneren Monolog/Dialog auf der Grundlage des Textes über sein Leben/Verhalten als junger banlieusard reflektieren.

Schließlich bietet sich der Text dazu an, sprachlich zu arbeiten. Mit Hilfe der kurzen Liste einiger wichtiger Stilmittel suchen die SuS in Partnerarbeit mindestens drei Stilmittel heraus und erklären sie im Kontext des Auszugs.

Zusatzaufgabe/Referat

Die folgende Aufgabe kann wiederum sowohl von allen SuSn bearbeitet und in Kleingruppen/im Plenum besprochen als auch von einer Kleingruppe in Form eines Referates/einer Powerpointpräsentation bearbeitet und vorgestellt werden.

Cherchez des informations sur Beaugrenelle sur Internet et présentez-les à vos camarades.

Beaugrenelle ist eine cité in Paris innerhalb des périphérique und unterscheidet sich dadurch stark von Saint-Denis, einer banlieue, die außerhalb des périphérique liegt. Für den Film wurde nicht Beaugrenelle als Drehort gewählt, sondern Bondy, eine banlieue im Norden von Paris, welche sofort als „quartier défavorisé" erkennbar ist.

Kopiervorlage 5.4 ▼

Hörsehverstehen
(Dialogisches) Sprechen
Schreiben (*écriture creative*)

Driss dans sa banlieue
Filmsequenz: 00:11.39 – 00:17:36
Drehbuch: 8–15

Ziele
- über die Musik und die Atmosphäre der Szene reflektieren
- eine Filmszene inhaltlich bearbeiten
- Driss Leben in der banlieue beschreiben
- einen Dialog zwischen der Mutter/Tante und der Schwester/Cousine von Driss verfassen und sich dabei in deren Lage hineinversetzen

Sozialformen
- Vortrag (Film), Unterrichtsgespräch, Einzelarbeit, Partnerarbeit

Erläuterungen

In dieser KV arbeiten die SuS anhand einer Filmszene, bestimmte Aspekte heraus, analysieren diese und arbeiten auf dieser Grundlage kreativ.

Im ersten Schritt wird die Musik der Szene ohne das Bild vorgespielt, damit die SuS sich rein akustisch auf die Filmszene konzentrieren und die Musik/die dadurch entstehende Atmosphäre beschreiben können. Anschließend wird die entsprechende Filmszene vorgespielt, wobei die SuS sich kurze Notizen zu den Fragen machen. Die Antworten werden im Unterrichtsgespräch oder alternativ in Partnerarbeit verglichen. Nach dem zweiten Zeigen der Filmszene mit Bild thematisieren die SuS die Umwelt von Driss, indem sie seine Lebensumstände und sozialen Kontakte beschreiben und analysieren. Um auch feinere Nuancen des Gesprächs zu erkennen, ist es sinnvoll für diese Aufgabe die Sequenz im Drehbuch nachzulesen. Die Tabelle kann auf Folie verglichen werden. Schließlich erfinden die SuS in Partnerarbeit eine Szene zwischen der Mutter/Tante von Driss und Mina, welche sich direkt an die Szene 13 anchließt. Fatou und Mina diskutieren darüber, warum Driss gehen muss, obwohl sie darüber sehr unglücklich sind. Die Szenen werden anschließend in Kleingruppen vorgelesen und beurteilt.

Le tournage du film

Ziele

- einen unbekannten Text verstehen
- konkrete Fragen zum Text beantworten
- allgemein über das „genre" Komödie reflektieren

Sozialformen

- Einzelarbeit, Unterrichtsgespräch, Gruppenarbeit

Erläuterungen

Die SuS lesen in Stillarbeit den Text und beantworten die gegebenen Fragen schriftlich. Diese werden im Unterrichtsgespräch verglichen. Anschließend diskutieren die SuS in Kleingruppen über den zitierten Satz von Eric Toledano und versuchen sich an andere Komödien zu erinnern, welche nach demselben Prinzip aufgebaut sind. Olivier Nakache spricht von einer gewissen Identität der banlieusard, welche die SuS in dem Film wiederfinden sollen.

Referat/Zusatzaufgabe

Die folgende Aufgabe kann wiederum sowohl von allen SuSn bearbeitet und in Kleingruppen/im Plenum besprochen als auch von einer Kleingruppe in Form eines Referates/einer Powerpointpräsentation bearbeitet und vorgestellt werden.

Cherchez des informations sur Bondy sur Internet et présentez-les à vos camarades.

Kopiervorlage 5.5
Leseverstehen
Sprechen

Le trajet d'un monde à l'autre

Filmsequenz: 00:17:16 – 00:18:25
Drehbuch: 15–18

Ziele

- ein Bild beschreiben
- mit Hilfe der gegebenen Ausdrücke den Kontrast der beiden „Welten"
- beschreiben
- die genannten Orte auf einem Metroplan finden und Driss „Reise" nachvollziehen
- Philippes Stadtviertel kennen lernen

Sozialformen

- Einzelarbeit, Partnerarbeit, Unterrichtsgespräch

Erläuterungen

Die SuS beschreiben nach dem „Think-Pair-Share-Prinzip" das Foto von Driss in der RER. Anschließend wird die entsprechende Szene gezeigt, und die SuS vergleichen mündlich/schriftlich mithilfe der gegebenen Ausdrücke die beiden Welten. Dies kann ebenso nach dem oben genannten Prinzip geschehen. Die Aufgabe 3 bezieht sich direkt auf die Aufgabe 2 und kann daher kurz mit behandelt werden. In den letzten Aufgaben machen sich die SuS mit dem Wohnviertel von Philippe vertraut. Es geht um das 7. Arrondissement , Metrostation „Assemblée nationale". Zunächst skizzieren die SuS in Partnerarbeit die Strecke, welche Driss von seiner banlieue zurücklegt, um in das Wohnviertel von Philippe zu gelangen. Anschließend notieren sie anhand des Metroplans die Attraktionen, welche sich in Philippes Wohnviertel

Kopiervorlage 5.6 ▼

Hörsehverstehen
Sprechen (Vergleichen)
Lesen (Metroplan)
Landeskunde

Den Metroplan finden Sie auf einer KV im Internet. Sie gelangen direkt zu der KV, wenn Sie in das Suchfeld auf www.klett.de den **Online-Code e5jr78** eingeben.

befinden. Alternativ, falls Paris umfangreicher thematisiert werden soll, können die SuS im Internet genauer nach diesen Attraktionen suchen und sie vorstellen. Schließlich sollen die SuS sich daran erinnern, welche Gebäude/Attraktionen sie im Film gesehen haben.

Kopiervorlage 5.7 ▼
Sprechen (Beschreiben)
Sprechen (Rollenspiel)
Grammatik (Bedingungssätze)

Le contraste

Ziele
- Bilder und ihre Kontraste beschreiben
- Adjektive zur Bildbeschreibung aktivieren
- einen Dialog spielen
- sich in die Lage von Driss hineinversetzen
- Bedingungssätze reaktivieren

Sozialformen
- Einzelarbeit, Partnerarbeit, Unterrichtsgespräch

Erläuterungen
Die beiden Bilder werden traditionell im Unterrichtsgespräch oder nach dem „Think-Pair-Share" Prinzip beschrieben. Das zweite Bild könnte übrigens an Julia Roberts in „pretty woman" erinnern, auch sie liegt in einer luxuriösen Badewanne, welche nicht zu ihrem wirklichen Leben passt. Anschließend füllen die SuS die Tabelle mit Adjektiven aus, welche die jeweiligen „Welten" beschreiben. Ausgehend von dem ersten Foto spielen die SuS spontan die Szene nach, in der Driss mit seinen Geschwistern spricht. Die anderen SuS beurteilen anschließend, wie realistisch die Szene umgesetzt wurde. Ausgehend von dem zweiten Bild reaktivieren die SuS ihre Grammatikkenntnisse und bilden Bedingungssätze, um Driss' Träume auszudrücken.

Kopiervorlage 5.8

L'autre vie de Driss

Nr.	Filmsequenz	Drehbuch
1	00:46:45 – 00:48:48	39 – 41
2	01:13:01 – 01:15:16	58 – 65
3	01:30:10 – 01:33:24	81 – 84

Hörsehverstehen
Schreiben (*écriture créative*)
(Dialogisches) Sprechen

Ziele
- Filmszenen inhaltlich bearbeiten
- sich in Driss' Lage hineinversetzen
- einen Dialog zwischen Driss und seiner Familie verfassen
- die SuS für Musik als eigene Sprache und Bedeutungsträger im Film sensibilisieren

Sozialformen
- Einzelarbeit, Partnerarbeit, Unterrichtsgespräch

Erläuterungen

In dieser KV arbeiten die SuS an vier verschiedenen Filmszenen, welche Driss' Verbindung zu seiner banlieue und seiner Familie thematisieren. In der ersten Szene holt Driss Mina von der Schule ab, nachdem diese ihn anscheinend per SMS um Hilfe für ihren Bruder Adama gebeten hatte. In der zweiten Szene beobachtet Driss seine Mutter/Tante vom Auto aus, als sie die Arbeit als Putzfrau in einem Bürohaus beendet und nach Hause geht. Die dritte Szene zeigt wie Driss seine Mutter/Tante vom Bahnhof abholt und mit ihr und Adama nach Hause zurückkehrt. In dieser Szene spielt die Musik eine große Rolle, wofür die SuS sensibilisiert werden sollen. Die SuS beantworten schriftlich die Fragen und vergleichen sie zuerst in Partnerarbeit und dann im Unterrichtsgespräch. Die Aufgabe 3d wird zu zweit bearbeitet und anschließend im Plenum oder in Kleingruppen vorgetragen.

Le langage

Filmsequenz: 01:21:44 – 01:22:45
Drehbuch: 74–75

Kopiervorlage 5.9

Ziele

- das Sprachniveau im Gespräch zwischen Driss und Adama charakterisieren
- Ausdrücke aus dem Umgangsfranzösisch erkennen
- Ausdrücke aus dem Umgangsfranzösisch dem Standardfranzösisch zuordnen
- Grammatische Fehler der Umgangssprache erkennen und korrigieren
- anhand der Sprachniveaus eine Entwicklung von Philippes Persönlichkeit erkennen
- sich in die Lage von Driss und der jungen Frau hineinversetzen

Hörsehverstehen
Wortschatzarbeit
(Sprachniveaus)
Lesen (Vortragen)
Schreiben (*écriture créative*)

Sozialformen

- Einzelarbeit, Partnerarbeit, Unterrichtsgespräch

Erläuterungen

Die SuS sollen für die verschiedenen Sprachniveaus des Films sensibilisiert werden. Zunächst sehen/hören sich die SuS das Gespräch zwischen Driss und Adama an und schildern ihre Eindrücke bezüglich des Sprachniveaus. Sie können auch schon Beispiele für Ausdrücke aus dem Umgangsfranzösisch nennen, falls sie welche erkannt haben. Anschließend arbeiten sie mit dem entsprechenden Auszug aus dem Drehbuch und markieren sowohl lexikalische als auch grammatikalische „Besonderheiten". des Dialogs. In den Aufgaben 3 und 4 ordnen die SuS in Partnerarbeit die verschiedenen Ausdrücke zu bzw. verbessern die grammatikalischen Fehler. Vor allem für die Aufgabe 3 müssen die SuS im Kontext der Sätze arbeiten, da die einfache Zuordnung zu anspruchsvoll ist. Die Ergebnisse werden auf Folie verglichen. Abschließend können die SuS in Partnerarbeit die Szenen 74 und 75 in Standardfranzösisch in verteilten Rollen vorlesen.

Es gibt noch andere Szenen, in denen das Sprachniveau eine wichtige Rolle spielt. In den Aufgaben 5 und 6 sollen die SuS in Stillarbeit die Sprache charakterisieren, derer Philippe und Driss sich bedienen und eine Veränderung in Philippes Sprachniveau feststellen. Schließlich sollen sich die SuS kreativ durch innere Monologe mit der Frage auseinandersetzen, wie man in der Gesellschaft durch Bildung und einen gewählten Ausdruck beeindrucken kann. Die Monologe werden im Plenum oder in Kleingruppen vorgetragen.

Une approche

1. *Décrivez la photo ci-dessous.*

2. *Notez au moins cinq adjectifs pour caractériser cette banlieue.*

3. *Au milieu de la rue il y a Driss qui rentre à la maison après s'être présenté chez Philippe pour avoir la signature pour ses ASSEDIC. Regardez cette scène sans le son et imaginez quelle musique de fond va bien avec l'action et l'ambiance.*

4. *Regardez ensuite la scène avec le son et décrivez le style de musique. Expliquez pourquoi les réalisateurs ont choisi cette musique.*

> **Quelques expressions pour parler de la musique**
>
> La mélodie est simple / élaborée (komplex) / gaie (fröhlich) / mélancolique / harmonieuse / dissonante (disharmonisch).
> Le rhythme est lent / vif / rapide / monotone / (ir)régulier / dynamique.
> On entend un piano / un clavecin (Cembalo) / un synthétiseur (Synthesizer) / des violons (Geigen) / des violoncelles (Cellos) / des cordes (Streichinstrumente) / des cuivres (Bläser) / une flûte / une guitare / une batterie (Schlagzeug) / des percussions (Schlaginstrumente).

5. *Imaginez finalement les pensées de Driss dans cette scène en écrivant un monologue intérieur.*

> **Quelques conseils pour écrire un monologue intérieur :**
>
> - Essayez de vous identifier avec la personne en question
> - Utilisez toujours le présent
> - Écrivez à la première personne
> - Exprimez « vos » sentiments (ceux de la personne adaptée)
> - Servez-vous de moyens rhétoriques comme des phrases courtes, des ellipses, des répétitions, des questions

Quelques infos

1. Lisez le texte suivant.

Les banlieues

À partir des années 1960, on a construit aux abords des grandes villes des quartiers neufs, dans l'intention de loger les ouvriers, et notamment les très nombreux travailleurs immigrés venus après la décolonisation, dans des appartements modernes et abordables. Mais ces cités-dortoirs, constituées de tours et de barres d'immeubles et dépourvues de

5 centre-ville, se sont vite révélées comme des ghettos inhumains et stériles.
Pendant les « Trente Glorieuses » (de 1945 à 1975), période de croissance et de plein-emploi, les problèmes des banlieues ne se sont pas fait sentir de façon aiguë. Ensuite, et surtout depuis les années 1990, la situation s'est considérablement dégradée.
Aujourd'hui, les banlieues peuvent être considérées comme un monde à part. Leurs

10 habitants sont beaucoup plus touchés que le reste de la population par le chômage, la pauvreté et l'exclusion. Le niveau scolaire y est au plus bas, les chances de s'en sortir aussi. La toxicomanie y est courante. Ce sont des zones de non-droit où la violence est quotidienne : agressions, cambriolages, rackets et dégradations de toutes sortes sont à l'ordre du jour. Les délinquants, souvent très jeunes, vivent de trafics de toutes sortes, et

15 particulièrement du trafic de drogue. Des bandes rivales sèment la terreur, et l'insécurité est grande, d'autant plus que la police elle-même ne se risque plus dans certains quartiers où son intervention est perçue comme une provocation et peut donner prétexte à des émeutes graves, comme cela a été le cas en 2005.
Du fait de la pluriethnie des banlieues, la délinquance est souvent le fait de Beurs ou de

20 « blacks ». La réaction de rejet et de peur dans la population française se traduit par une montée du racisme et une dérive politique vers l'extrême droite.
Le sentiment d'abandon et d'injustice des jeunes des banlieues a également pour conséquence une islamisation de ces quartiers défavorisés. Pour ceux qui se sentent discriminés et marginalisés, la tentation est forte de se tourner vers l'islamisme. Pourtant, au

25 fond, ce que souhaitent les jeunes des banlieues, c'est être intégrés dans la société au même titre que les Français de souche. (…)
Des organismes d'aide publique et des associations privées s'y emploient, mais elles ne sont pas toujours assez efficaces. Il y a encore beaucoup à faire pour permettre aux jeunes en détresse de sortir de ce cercle vicieux et de retrouver des repères dans la société

30 où ils vivent.

Fischer / Le Plouhinec : Mots et contexte.
Thematischer Oberstufenwortschatz Französisch,
Ernst Klett Sprachen, 2012. (S. 44)

2. Retracez la naissance du phénomène des banlieues dans la frise chronologique.

1945	1960	1975	1990	2013

3. Soulignez les mots-clés du texte et faites ensuite un filet de mots à propos de la banlieue.

4. Notez les aspects du texte qu'on retrouve dans le film « Intouchables » et parlez-en en groupes de quatre.

La vie en banlieue

1. *Dans son autobiographie « Tu as changé ma vie », Abdel Sellou (alias Driss) parle de la cité Beaugrenelle dans laquelle il a grandi. Lisez ces quelques extraits :*

> [...] Tous les jours, j'étais dans la rue. Tous les jours, je donnais à la flicaille une nouvelle raison de me courser. Tous les jours, j'exerçais ma vélocité d'un quartier à l'autre de la capitale, extraordinaire parc d'attractions où tout était permis. Le but du jeu : tout prendre sans se faire prendre.
>
> 5 [...] On tournait en rond, cité Beaugrenelle. Les magasins commençaient à s'équiper sérieusement pour parer à nos visites : détecteurs de passage, antivols de plus en plus perfectionnés, vigiles, personnel attentif à un certain type de clientèle ... En deux ans à peine, la sécurité avait tellement augmenté dans les magasins qu'on ne pouvait plus se servir à la source. Il fallait soit renoncer aux
> 10 sweats à capuche qui nous allaient si bien, soit aller les chercher ailleurs ... Directement sur le cintre, chez les gosses des beaux quartiers. Le raisonnement ne manque pas de logique, ni de cynisme, je veux bien l'admettre aujourd'hui. À l'époque, je ne me rendais compte de rien. Encore une fois, j'étais absolument incapable de me mettre à la place de quelqu'un d'autre. Je n'essayais pas, je
> 15 n'avais même pas l'idée d'essayer. Si l'on m'avait interrogé sur la souffrance de l'adolescent qui vient de se faire dépouiller, j'aurais juste ricané. Puisque rien n'était grave pour moi, rien ne l'était pour les autres, a fortiori pour les blancs-becs nés avec une cuillère d'argent dans la bouche.
>
> [...] Nous étions des centaines dans la petite cité Beaugrenelle, à peine un
> 20 millier sans doute, nous nous connaissions tous.
>
> [...] On s'est revus à l'occasion d'un contrôle d'identité tout bête, un matin, dans une gare de banlieue où je venais de me réveiller. Je ne mettais quasiment plus les pieds au lycée, et à peine plus souvent chez moi : je passais mes nuits dans les RER, comme les zonards de Châtelet avec qui je traînais le soir. On
> 25 s'occupait jusqu'au petit matin, et quand le trafic reprenait, vers 4 ou 5 heures, on descendait dans la station, on s'installait dans un wagon, au hasard, et on dormait quelques heures.
>
> [...] J'aimerais lui [Laetitia – la fille adoptée de Philippe] faire faire un tour à Beaugrenelle pour commencer, puis on irait crescendo, les barres à Saint-Denis,
> 30 les squats dans les entrepôts désaffectés où l'on ne trouve pas seulement des toxicos en manque mais aussi des familles, des gosses, des bébés. Pas d'eau, évidemment, pas de chauffage, pas d'électricité. Des matelas crasseux posés à même le sol.
>
> Abdel Sellou : Tu as changé ma vie. Édition Michel Lafon, 2012.

1 la flicaille *péj fam* police – **5** tourner en rond herumtreiben – **6** parer préparer – **16** dépouiller deshabiller – **17** a fortiori erst recht – **24** un zonard jeune délinquant de banlieue – **30** un squat besetztes Haus – **32** crasseux extrêmement sale

2. *Faites le portrait d'Abdel avant qu'il rencontre Philippe.*

3. *Retracez une journée quotidienne d'Abdel dans sa banlieue.*

4. *Caractérisez la relation entre les policiers et Abdel et ses « amis ».*

5. *Avec le recul, comment Abdel parle-t-il de sa vie en banlieue ?*

6. *Trouvez au moins trois moyens stylistiques qu'Abdel utilise pour bien montrer sa vie en banlieue.*

Moyen stylistique	Définition	Fonction
Une comparaison	mise en relation de plusieurs idées à l'aide d'une conjonction qui permet de comparer (p.ex. comme)	illustrer qc
Une métaphore	mise en relation de plusieurs idées sans mot de comparaison	illustrer qc
Une répétition	le même mot se trouve plusieurs fois dans une phrase ou un petit passage	renforcer qc
Une énumération	plusieurs mots qui se suivent pour préciser une idée	renforcer qc
Une gradation	une énumération où les mots suivent une progression croissante ou décroissante	renforcer qc
Un parallélisme	structure grammaticale identique dans plusieurs phrases ou parties de phrases	renforcer qc
Une ellipse	phrases compréhensibles dans laquelle il manque des mots qui sont normalement nécessaires	renforcer qc

© Ernst Klett Sprachen GmbH, Stuttgart 2013 | www.klett.de | Alle Rechte vorbehalten
Kopieren für den eigenen Unterrichtsgebrauch gestattet.
ISBN 978-3-12-598438-7

Driss dans sa banlieue

1. *Écoutez la musique de cette scène. D'après vous, quelle ambiance règne dans cette scène ? Pourquoi ?*

2. *Regardez la scène suivante une première fois et répondez aux questions suivantes :*

    a) *Où va Driss ?*

    b) *Qui est là ?*

    c) *Que fait son frère/cousin Adama ?*

    d) *Qu'est-ce que la mère/tante annonce à Driss ?*

    e) *Qui est-ce que Driss rencontre en bas de l'immeuble ?*

    f) *Que font les jeunes ?*

3. *Regardez la scène une deuxième fois et faites les activités suivantes :*

    a) *Décrivez les conditions dans lesquelles Driss vit avec sa famille.*

    b) *Analysez les contacts sociaux de Driss dans sa banlieue en remplissant brièvement le tableau suivant.*
       La lecture du scénario (scènes 8–15) peut vous aider.

Driss : comportement envers →		→ comportement envers Driss
	Sa « mère »/tante	
	Son « frère »/cousin Amada	
	Les autres enfants dans la famille	
	Les jeunes de la cité	

4. *Après le départ de Driss, Mina demande à sa mère pourquoi elle l'a mis à la porte alors qu'elle en souffre beaucoup. Imaginez leur conversation et rédigez une scène supplémentaire (après la scène 13).*

© Ernst Klett Sprachen GmbH, Stuttgart 2013 | www.klett.de | Alle Rechte vorbehalten
Kopieren für den eigenen Unterrichtsgebrauch gestattet.
ISBN 978-3-12-598438-7

Le tournage du film

1. *Les scènes de banlieue ont été tournées dans la cité « Bondy » qui se trouve en Seine-Saint-Denis, située dans la banlieue nord-est de Paris, à 9 kilomètres de la Porte de Pantin (RER E).*
   Lisez l'extrait d'une interview avec les réalisateurs du film Olivier Nakache et Eric Toledano sur le tournage du film :

[...]

Pour les scènes de banlieue, vous avez choisi Bondy. Pourquoi ? Comment l'équipe de tournage a-t-elle été accueillie ?

Olivier Nakache : On a choisi Bondy nord car on voulait un endroit qui, visuellement, pouvait dire en une seconde où on était. On a été accueilli très chaleureusement, bien qu'au début, les gens
5 croyaient qu'on était des flics. Avec leurs blousons en cuir, les assistants ressemblaient à des mecs de la BAC (Brigade Anti-Criminalité). Il y avait donc d'abord une petite méfiance ... Puis la phrase, « *c'est pas des flics, c'est pas des flics : vous inquiétez pas !* »

Eric Toledano : Ensuite, on a rencontré pas mal de gens qui nous disaient vouloir faire partie du tournage. Ça nous paraissait normal de les intégrer à l'équipe à partir du moment où on tournait
10 dans leur quartier. On a recruté une vingtaine de personnes. Ils nous ont spontanément amené leur photo pour faire partie du casting. À partir de là, il y a eu deux ou trois évènements assez marrants. Pour les besoins du film, on a dû construire un commissariat dans la cité avec voitures de police et flics en uniformes. Il a bien fallu préciser que c'était faux ! On a aussi tourné dans des tours dont certaines étaient promises à la destruction. On a loué un appartement à une
15 famille d'origine malgache qui avait sept ou huit enfants. Ils ont été hyper accueillants et on a tout tourné dans des conditions matérielles réelles. On s'est dit que pour montrer une cité, il valait mieux filmer une cité ... Il y a quand même eu deux ou trois excitations plutôt gentilles. Notamment des gens qui s'invitaient à déjeuner sans être du tournage. Ils disaient, « c'est notre quartier, donc on vient !» [...]

20 *Longtemps tabou dans le cinéma, le thème de la banlieue semble aujourd'hui beaucoup plus porteur. Pensez-vous que c'est une évolution importante et que les films peuvent avoir un impact sur la société ?*

Eric Toledano: Oui, car le principe de la comédie ou du buddy movie, c'est d'associer deux univers qui n'ont a priori rien à voir. Il se trouve que dans les classiques à la Molière, on va parler des
25 serviteurs, des gens lettrés et non lettrés, du Tiers-État et de la Noblesse. Dans les années 1970, on va plutôt parler des Prolos et des Bourgeois. Aujourd'hui, les classes populaires sont en banlieue, souvent issues de l'immigration. Un cinéma français qui se veut le reflet de la société ne peut pas faire l'impasse sur la banlieue.

Olivier Nakache : Le problème avec la banlieue, c'est que même là-bas, la mode passe vite et
30 qu'on est vite ringard. Ringard au niveau des vêtements, ringard au niveau du langage ... Je pense qu'il faut savoir parler de la banlieue, mais surtout en ne l'uniformisant pas, en lui donnant une singularité. Le film ne raconte pas l'histoire de la banlieue, mais l'histoire d'un mec. L'histoire d'un mec avec sa mère, ses frères et sœurs, ses bêtises de prison, son envie de rencontre. Mais aussi, c'est vrai, une mentalité de vanneur, un certain mode vestimentaire, une méfiance des
35 autres. C'est une identité à laquelle on ne peut pas totalement échapper lorsqu'on vient de ces quartiers-là. Omar d'ailleurs en est réellement issu. Sa présence sur le plateau nous a aidés à ne pas nous tromper.

« Intouchables, l'envers du décor à Bondy » publié sur www.megalopolismag.com le 19/01/2012

10 amener qc à qn jdn etw bringen – **15 malgache** qui vient de Madagascar – **24 a priori** au prermier abord – **30 ringard, e** démodé –
34 vanneur → une vanne Witz, Stichelei

2. *Répondez aux questions suivantes :*

   a) *Pourquoi les réalisateurs ont-ils choisi Bondy pour le tournage du film ?*

   b) *Comment l'équipe de tournage a-t-elle été accueillie à Bondy ?*

   c) *Expliquez la phrase « Pour les besoins du film, on a dû construire un commissariat dans la cité avec voitures de police et flics en uniformes. Il a bien fallu préciser que c'était faux ! »*

   d) *Pourquoi les réalisateurs pensent-ils qu'il est important de traiter la question de banlieue au cinéma aujourd'hui ?*

   e) *Pourquoi est-ce un avantage pour le film que l'acteur Omar Sy soit lui aussi issu d'une banlieue de Paris ?*

3. *Eric Toledano dit que « le principe de la comédie ou du buddy movie, c'est d'associer deux univers qui n'ont a priori rien avoir. » Êtes-vous d'accord avec lui ? Donnez des exemples d'autres comédies qui sont frondées sur ce modèle.*

4. *Olivier Nakache parle d'une identité typique des gens venant de « ces quartiers-là ». Précisez cette identité et référez-la au film en réfléchissant si Driss et d'autres banlieusards reflètent cette identité ?*

Le trajet d'un monde à l'autre

1. Décrivez la photo suivante.

2. Regardez la scène suivante et comparez ces deux « mondes différents » séparés juste par un voyage en RER/métro. Utilisez les expressions suivantes :

> **Quelques expressions pour faire des comparaisons/ montrer des contrastes :**
>
> - Comparé à …
> - En comparaison avec …
> - À la différence de …
> - Contrairement à …
> - Au contraire
> - Par contre,
> - D'un côté, de l'autre
> - D'une part, d'autre part

3. Dégagez en plus les moyens par lesquels les réalisateurs mettent en relief le contraste entre les deux mondes.

4. Regardez le plan de métro et retracez le trajet que Driss fait pour arriver de sa cité de Bondy (Porte de Pantin, RER E) à l'hôtel particulier de Philippe qui se trouve en réalité dans la rue de l'Université dans le VIIe arrondissement de Paris (près de la station de métro « Assemblée nationale »).

5. Regardez sur le plan ce qu'il y a d'intéressant à voir/à faire dans le quartier de Philippe.

6. Rappelez-vous : Quels monuments/quelles attractions de Paris voit-on dans le film ?

Le contraste

1. *Décrivez les photos suivantes*

2. *Montrez le contraste de ces deux « mondes » en trouvant des adjectifs contraires. Écrivez-les dans le tableau suivant :*

Chez Driss	Chez Philippe

3. *Rappelez-vous le dialogue entre Driss et ses frères et sœurs sur la première photo et jouez-le avec votre voisin/ vos voisins.*

4. *Dans la baignoire de luxe de la deuxième photo, Driss se met à rêver. Imaginez ce dont il rêve en utilisant des phrases conditionnelles, par exemple :*

Si j'étais aussi riche que Philippe je m'achèterais aussi une grande baignoire.

© Ernst Klett Sprachen GmbH, Stuttgart 2013 | www.klett.de | Alle Rechte vorbehalten
Kopieren für den eigenen Unterrichtsgebrauch gestattet.
ISBN 978-3-12-598438-7

L'autre vie de Driss

Regardez les scènes suivantes et répondez aux questions :

1. *Scène 1 :*

    a) *Pourquoi va-t-il chercher Mina à l'école ?*

    b) *Qu'est-ce qu'il lui demande ?*

    c) *Pourquoi Adama a-t-il dû aller au commissariat de police ?*

    d) *Pourquoi Driss se fâche-t-il avec son frère ?*

2. *Scène 2 :*

    a) *Où va Driss pendant que Philippe est au restaurant ? Pourquoi ?*

    b) *À votre avis, pourquoi dit-il à Philippe qu'il fait du sport ?*

3. *Scène 3 :*

    a) *Comment Driss se comporte-t-il avec sa famille ?*

    b) *Comment est-il reçu dans sa banlieue ?*

    c) *Imaginez ce que Driss dit au chauffeur de la Mercedes sur la photo.*

    d) *Driss raconte à sa famille ce qu'il a fait les jours précédents. Imaginez le dialogue.*

    e) *Décrivez la musique dans cette scène et expliquez sa fonction.*

Le langage

1. Regardez la scène et caractérisez la langue que Driss et Adama utilisent.

2. Lisez la même scène du scénario (p.121–123) et soulignez tous les
   mots en rouge dont vous pensez qu'ils font partie du langage familier.
   Soulignez ensuite les phrases en bleu qui ne suivent pas les règles
   de grammaire du français standard.

3. Reliez les expressions suivantes du français familier avec celles du
   français standard correspondants. Pour cela, consultez le scénario pour
   comprendre le contexte de ces mots.

Français familier	Français standard
foutre qc	s'arranger
putain	se faire tromper
saouler qn	zut
se faire niquer	maîtriser la situation
partir en couille	faire qc
daronne	fatiguer qn
gérer	énerver qn
casser les couilles à qn	mère

la langue parlée
gesprochene Sprache

la langue écrite
geschriebene Sprache

la langue courante
die „Normal"sprache

la langue familière
Umgangssprache

la langue populaire
sehr umgangsprachliche Sprache

la langue littéraire/soutenue
(gehobene) Schriftsprache

la langue des jeunes
Jugendsprache

4. Réécrivez les phrases suivantes du français familier en français standard selon les règles de grammaire.

T'es un cachottier toi.

_____

C'est à toi qui faut demander ça.

_____

Les Assedic ont envoyé ça, y avait marqué cette adresse.

_____

T'es tombé en scooter.

_____

© Ernst Klett Sprachen GmbH, Stuttgart 2013 | www.klett.de | Alle Rechte vorbehalten
Kopieren für den eigenen Unterrichtsgebrauch gestattet.
ISBN 978-3-12-598438-7

Bon vas-y raconte qu'est-ce qui s'est passé là.

C'est pas ton problème.

T'inquiète, je gère.

5. Lisez la scène 42 (p.72–78) du scénario et caractérisez les différents niveaux de langue qu'utilisent Philippe et Driss. Donnez des exemples et expliquez ce phénomène.

6. Lisez la scène 46 (p.83–85) du scénario et caractérisez le niveau de langue qu'utilise Philippe dans cette situation-là. Cherchez les raisons de ce changement.

7. Lisez la scène 87 (p.136–138) du scénario. La jeune femme est étonnée par les connaissances culturelles de Driss. Écrivez le monologue intérieur de la jeune femme qui se demande pourquoi Driss est aussi cultivé et celui de Driss qui s'amuse à l'impressionner en se rappelant les lettres que Philippe avait écrites à Eléonore dans la scène 46.

6 Au-delà du film

Dieses Modul enthält zunächst zwei Kopiervorlagen mit wichtigen Vokabeln und Ausdrücken für die Analyse der filmsprachlichen Mittel. Die anschließenden Aufgaben geben Hintergrundinformationen zur wahren Geschichte, den Schauspielern und der Rezeption des Films.

Kopiervorlage 6.1 ▼

Le vocabulaire
Erläuterungen
Die Vokabelliste wird zu Beginn der Arbeit mit diesem Modul an die SuS ausgeteilt.

Kopiervorlage 6.2 ▼

Le début du film
Filmsequenz: bis 00:06:28
Drehbuch: 1–3

(Monologisches) Sprechen (Beschreiben)

Ziele
- ein Bild beschreiben
- die Wirkung von filmsprachlichen Mitteln erkennen
- die unterschiedliche Funktion von Anfängen (Buch vs. Film) erarbeiten

Sozialformen
- Partnerarbeit, Unterrichtsgespräch

Erläuterungen
Variante 1:
Diese KV wird zu Beginn des Filmansehens als „activité avant le visionnage" eingesetzt. Die SuS stellen Hypothesen auf, wohin die beiden Figuren wohl unterwegs sind, dann wird die Szene angesehen und anschließend werden die restlichen Arbeitsaufträge bearbeitet.

Variante 2:
Diese KV wird im Nachhinein nach Kenntnis des gesamten Films bearbeitet.

Zur Aktivierung möglichst vieler SuS erfolgt die Bildbeschreibung in Partnerarbeit: die SuS sagen abwechselnd je ein bis zwei Sätze zu ihrem Nachbarn.
Die SuS rekapitulieren bei Frage 3 den Inhalt.

Kopiervorlage 6.3

La scène de parapente
Filmsequenz: 1:18:42 – 1:21:17
Drehbuch: 72

kreatives Schreiben
Hörsehverstehen: Analyse der filmsprachlichen Mittel

Ziele
- für filmsprachliche Mittel sensibilisiert werden

Sozialformen
- Einzelarbeit, Unterrichtsgespräch

Erläuterungen

Die Beobachtungsaufträge für 2. können auch arbeitsteilig vergeben werden, d.h. je ein Teil der Klasse konzentriert sich auf je einen Aspekt.

Ergänzend zum Schreiben des inneren Monologs (siehe 3. Arbeitsauftrag) ist auch ein genauer Vergleich mit der entsprechenden Romanszene (in der Klett-Ausgabe von *Le second souffle*, S. 80–81) gewinnbringend. In diesem Zusammenhang lässt sich im Unterrichtsgespräch auch über die Vorteile des jeweiligen Mediums, Buch oder Film, reflektieren.

L'histoire vraie du film

Ziele

Kopiervorlage 6.4 ▼
Leseverstehen

* Hintergrundinformationen zu den wahren Personen bekommen
* die Fiktionalität von Filmen erkennen

Sozialformen

* Einzel- oder Partnerarbeit, Unterrichtsgespräch

Erläuterungen

Aus Zeitgründen kann die Klasse in Gruppen aufgeteilt werden, die jeweils in Einzel- oder Partnerarbeit einen der Steckbriefe bzw. einen Teil der Tabelle ausfüllen und ihre Ergebnisse dann den anderen SuS vorstellen. Im anschließenden Unterrichtsgespräch über mögliche Gründe für die Änderungen kann auf das zweite Zitat von Text 2 zurückgegriffen werden.

Une interview avec l'acteur Omar Sy

Ziele

Kopiervorlage 6.5 ▼
Leseverstehen

* Hintergrundinformationen über einen Schauspieler und seine Arbeit erhalten
* Leerstellen in einem Text sinnvoll füllen

Sozialformen

* Einzelarbeit, Partnerarbeit, Unterrichtsgespräch

Erläuterungen

Im Lösungsvorschlag sind sowohl die Originalfragen sowie vereinfachte Formulierungen gemäß dem Sprachgebrauch der SuS abgedruckt.

Le succès du film

Ziele

Kopiervorlage 6.6 ▼
Methodenkompetenz:
Leseverstehen, Internetrecherche

* Hintergrundinformationen über den Films erhalten
* Bewusstsein für den großen Erfolg des Films schaffen
* Informationen in graphischer Form darstellen, dabei die hilfreiche Funktion von Visualisierungen erkennen
* im Internet nach Informationen suchen

Sozialformen

- Einzelarbeit

Online-Code 9q7c5w

Erläuterungen

Die Internetrecherche (Arbeitsauftrag 5) kann mit einem entsprechenden Webquest-Bogen vorstrukturiert werden, der unter dem Online-Code 9q7c5w zur Verfügung steht. Die Suche ist als vorbereitende Hausaufgabe oder als arbeitsteilige Recherche denkbar: Die eine Hälfte der Klasse beschäftigt sich mit Teil a und b, die andere mit Teil c.

Kopiervorlage 6.7 ▼

Sprechen (Karikatur beschreiben)

Leseverstehen

Les effets du film sur le comportement des spectateurs

Ziele

- über die Auswirkungen eines Films reflektieren
- eine Karikatur interpretieren

Sozialformen

- Unterrichtsgespräch, Partnerarbeit

Erläuterungen

Der Arbeitsauftrag bei 1. entspricht der Methode Think – Pair – Share. Um die SuS nicht von vornherein zu stark in eine Richtung zu lenken, sollte die Frage gestellt und besprochen werden, bevor die Kopiervorlage ausgeteilt wird.

Zur Aktivierung möglichst vieler SuS kann die Karikatur für Aufgabe 2 in Partnerarbeit beschrieben werden (abwechselnd sagt ein SuS je einen Satz über die Karikatur zu seinem Banknachbarn), dann erfolgt als Ergebnissicherung das Zusammentragen im Plenum.

Kopiervorlage 6.8

Leseverstehen

Sprachmittlung

Médiation (français → allemand) : les bénéfices pour l'association Simon de Cyrène

Ziele

- einen fremdsprachlichen Text in der Muttersprache knapp zusammenfassen

Sozialformen

- Einzel- oder Partnerarbeit

Erläuterungen

Um das Globalverstehen eines fremdsprachlichen Textes und Strategien der Worterschließung einüben zu können, wurden an dieser Stelle bewusst nur die für das Verständnis zentralen Wörter nur mit einer Paraphrasierung und keiner deutschen Übersetzung annotiert. Natürlich sollen die SuS bei dieser Aufgabe kein (zweisprachiges) Wörterbuch benutzen dürfen. Im abschließenden Unterrichtsgespräch bietet es sich an, auf die Herkunft des Namens „Simon de Cyrène" einzugehen (vgl. Erläuterungen zu KV 4.9).

Juger des critiques : une conversation à l'écrit

Ziele

- sich mit Meinungen über den Film auseinandersetzen
- eine eigene Meinung zu Rezensionen abgeben

Sozialformen

- Gruppenarbeit (möglichst 4er-Gruppen) (jedoch in der Stille)

Erläuterungen

Als methodische Variation erfolgt diese Aufgabe im „Schreibgespräch" gemäß den Anweisungen in den Arbeitsanweisungen auf der KV. Dies dient gleichzeitig der Vorbereitung auf das Verfassen einer eigenen Filmrezension (vgl. KV 6.10).

Kopiervorlage 6.9
Leseverstehen
Schreiben

Écrire une critique de film

Ziele

- seine Meinung zum Film begründet darstellen

Sozialformen

- Einzelarbeit

Erläuterungen

Nach dem Verfassen der Filmkritik bietet sich das Korrigieren der Texte in Partnerarbeit oder einer Schreibkonferenz an.

Kopiervorlage 6.10
Schreiben

Le débat autour du film

Ziele

- eine Karikatur interpretieren
- sich mit verschiedenen Standpunkten zu einem Thema auseinandersetzen
- Argumente zu einem Thema finden und beurteilen

Sozialformen

- Einzel- oder Partnerarbeit

Erläuterungen

Die Interpretation der Karikatur (Aufgabe 1) kann in Partnerarbeit erfolgen und anschließend im Unterrichtsgespräch gesichert werden. Die Argumente für Aufgabe 2 werden in Einzel- oder Partnerarbeit gesammelt und anschließend im Plenum zusammengetragen. Möglich ist auch, die Klasse vorher in eine Pro- und Kontragruppe aufzuteilen, die jeweils Argumente für ihre Position suchen und diese dann den anderen vorstellen. Nach dem Ergänzen der Argumente mit Hilfe der Texte ist es wichtig, nach der persönlichen Meinung der SuS zu fragen. An dieser Stelle kann man auf die kulturellen Unterschiede zwischen Europa und Amerika eingehen, d.h. dass die USA aufgrund ihrer Vergangenheit für das Thema Rassismus gegenüber Farbigen besonders sensibilisiert sind. Als abschließende Hausaufgabe bietet sich ein commentaire personnel zu diesem Thema an (Übersicht mit hilfreichen commentaire-Wendungen: vgl. KV 4.9).

Kopiervorlage 6.11
Beschreiben (Karikatur)
Schreiben (Argumente sammeln)
Leseverstehen

Le vocabulaire : parler d'un film

un réalisateur, une réalisatrice	(Film-) Regisseur(in)
porter qc à l'écran (→ un écran)	etw verfilmen (→ eine Leinwand)
le scénario	Drehbuch
un, e scénariste	Drehbuchautor(in)
une adaptation	eine Adaptation
le suspense	die Spannung
un retour en arrière, un flash-back	eine Rückblende
un ralenti	eine Zeitlupe
le générique	der Vorspann, Nachspann
doubler qc	etw synchronisieren
un acteur, une actrice	ein(e) Schauspieler(in)
un rôle principal	eine Hauptrolle
un rôle secondaire	eine Nebenrolle
un personnage principal	eine Hauptperson
un héros, une héroïne	ein(e) Held(in)
un, e figurant, e	ein(e) Statist(in)
une vedette, une star	ein Star
célèbre	berühmt
connu, e	bekannt
un producteur, une productrice	ein(e) Produzent(in)
un cascadeur, une cascadeuse	ein Stuntman, eine Stuntfrau
se dérouler (l'action se déroule à …)	sich abspielen (die Handlung spielt in …)
un lieu de tournage	ein Drehort
tourner un film	einen Film drehen
avoir un succès fou	einen Riesenerfolg haben
invraisemblable, improbable	unwahrscheinlich
une affiche de film	ein Filmplakat
être à l'affiche	laufen, auf dem Spielplan stehen
un sous-titre	ein Untertitel
une v.o. (version original)	eine Originalfassung
la distribution	der Vertrieb
un spectateur, une spectatrice	ein(e) Zuschauer(in)
le public	das Publikum
une projection	eine Vorführung
une salle de cinéma	ein Kinosaal
une critique	eine Rezension
paraître: je parais, il paraît, nous paraissons, ils paraissent, j'ai paru	erscheinen

Définir la prise de vue

Le cadrage : les plans de la caméra	Les mouvements de la caméra
Le plan d'ensemble une vue générale, le cadre de l'action	**Le plan fixe** la caméra ne bouge pas
Le plan moyen un personnage au complet avec un peu d'arrière-plan	**Le panoramique** la caméra reste au même endroit et tourne autour d'elle
Le plan rapproché le visage et le buste ou la partie d'un objet	**Le travelling (haut/bas, gauche/droite)** la caméra bouge autour d'un objet
Le gros plan p.ex. le visage ou un objet entier	**Le travelling latéral** la caméra bouge sur des rails
Le très gros plan / le détail un détail du corps ou d'un objet	**Le zoom (avant/arrière)** la caméra va vers / s'en va d'une personne ou objet

Les positions de la caméra	Les perspectives de la caméra
La caméra subjective la caméra montre ce que voit un personnage	**La plongée** la caméra filme du haut et donne une vue vers le bas
Le champ la caméra filme dans une direction	**L'angle normal / La perspective neutre** la caméra est à la hauteur de l'objet filmé
Le contre-champ la caméra filme ensuite dans l'autre direction	**La contre-plongée** la caméra filme du bas et donne une vue vers le haut
Le vol d'oiseau la caméra survole la scène de très haut	

Le début du film

1. *Voici la première image du film que le spectateur voit.*
   Décrivez-la et expliquez quelles informations elle donne sur les personnes et le lieu de l'action.

2. *Analysez le plan de la caméra et son effet.*

3. *Racontez ce qui va se passer après.*

4. *L'autobiographie de Philippe Pozzo di Borgo qui a inspiré le scénario commence différemment : Philippe y raconte dans les premières phrases qu'il est paralysé depuis son accident en 1993 et que sa femme Béatrice est morte en 1996 ; il parle aussi de sa tristesse et ses douleurs.*
   Réfléchissez : pourquoi les réalisateurs ont-ils choisi un autre début pour le film ?

Le début

du livre :

– Philippe est paralysé après l'accident

– Sa femme est morte

↓

la fonction :

_____

_____

_____

du film :

_____

_____

↓

la fonction :

_____

_____

_____

Klett

La scène de parapente

1. *Lisez la scène 72 du scénario. Résumez l'action extérieure. Soulignez les passages qui montrent une action intérieure (c'est-à-dire des pensées et des sentiments). Réfléchissez avec quels moyens on peut montrer ces actions intérieures dans le film.*

_____

_____

_____

2. *Regardez la scène du film et analysez comment les actions intérieures sont montrées dans le film (la mimique, la musique, les plans et les perspectives de la caméra au début de la scène et pendant le vol).*

3. *Imaginez les pensées « concrètes » de Driss avant et pendant le vol et écrivez son monologue intérieur.*

L'histoire vraie du film

L'histoire du film est inspirée d'une histoire vraie. Pour savoir ce qui a été la réalité et ce que les réalisateurs ont inventé et changé, lisez les textes suivants.

Texte 1 :

Intouchables : de la réalité à la fiction

Derrière le succès de cette comédie, il y a l'histoire vraie d'un tétraplégique, Philippe Pozzo di Borgo.

[...] Pour avoir mené plus d'un entretien d'embauche dans sa brillante carrière d'industriel – il était encore directeur délégué des champagnes Pommery lors de son accident de parapente
5 [en 1993] –, Philippe Pozzo di Borgo, 60 ans, sut très tôt [...] qu'il avait affaire à « un mauvais garçon ». Abdel [Sellou] (Driss/Omar Sy dans le film) n'avait « pas l'intention de rester », ni pour être les bras et les jambes d'un intello handicapé, encore moins pour l'aider à assister sa femme, Béatrice, « qui vivait ses derniers mois ». [...] À la différence de ce que montre le film, Philippe (François Cluzet) ne porta jamais de diamant à l'oreille, ni ne vit une masseuse thaïe
10 franchir les portes de son hôtel particulier de la rue de l'Université pour lui faire un massage des oreilles ; au moins fuma-t-il des joints tout en pouvant compter sur Abdel qui, d'un coup de peps et de biceps, le faisait « sortir de [son] isolement, des conventions [...] ». Abdel invente alors n'importe quoi, comme mettre son patron dans un avion et l'emmener à la Martinique ou dans le Grand Nord canadien. Des dizaines de voyages suivront. L'un des derniers eut lieu
15 au Maroc, où Abdel rencontra son épouse. En 2003, à Marrakech, la route [...] de Philippe croise celle de Khadija qui devint sa deuxième femme. « Abdel et moi avons mis fin à notre collaboration au moment où chacun avait trouvé son âme sœur. [...] »

© Anne-Charlotte De Langue / lefigaro.fr / 14.11.2011

7 un intello un intellectuel – **10 franchir** passer – **16 croiser** kreuzen

Texte 2 :

Dans son autobiographie « Tu as changé ma vie », Abdel Sellou raconte qu'il est né à Alger et qu'il habite chez son oncle Belkacem et sa tante Amina à Paris à partir de quatre ans. Son frère aîné y vit aussi quelques années, mais retourne après en Algérie. Il n'y a pas d'autres enfants dans la maison de son oncle et sa tante. En tant
5 que jeune, Abdel fait dix-huit mois de prison pour vol. Après, ses « parents » ne lui tournent pas le dos. Quand il dit à sa « mère » qu'il va habiter chez un riche, son nouvel employeur, elle ne le croit pas. Il parle aussi des différences entre lui et Driss, joué par l'acteur Omar Sy, dans le film :
« [Je] ne ressemble pas beaucoup au personnage du cinéma. Je suis petit, arabe, pas
10 tellement tendre. » (p. 16–17)

« Il se trouve que [les réalisateurs] Olivier Nakache et Eric Tolédano ont créé un double de moi. Un autre Abdel, mais en mieux. [...] C'était évidemment le meilleur moyen de transformer le drame en comédie et d'accéder ainsi au vœu de monsieur Pozzo : faire rire de son malheur pour éviter la pitié et les sentiments à deux balles. »
15 (p. 256)

Actuellement, Abdel habite avec son épouse et ses enfants en Algérie et a une grande entreprise d'élevage de poulets.

3 aîné plus âgé que lui – **10 tendre** zart – **13 accéder** *ici* : erfüllen – **13 un vœu** (pl : des vœux) un souhait (Wunsch) –
14 éviter qc etw vermeiden – **14 à deux balles** qui ne valent rien / ne servent à rien – **17 un poulet** Huhn

1. Complétez la fiche.

Le tétraplégique réel

son nom : _____

son (ancien) métier : _____

son âge actuel : _____

l'année de son accident de parapente : _____

_____

le pays où il vit actuellement : _____

le nom de sa première femme morte : _____

le nom de sa deuxième femme : _____

L'auxiliaire de vie réel

son nom : _____

la ville où il est né : _____

le lieu où il a passé 18 mois quand il était jeune :

_____

le nombre d'années qu'il a passées chez Philippe :

_____

le pays où il vit actuellement : _____

son métier actuel : _____

2. Exposez les différences entre le réel auxiliaire de vie et celui dans le film.

3. Expliquez pourquoi les réalisateurs se sont décidés pour ces changements.

Une interview avec l'acteur Omar Sy

Le magazine « Studio ciné live » a donné la possibilité à quatre jeunes de faire une interview avec Omar Sy, l'acteur qui a joué Driss.

1. *Imaginez que vous êtes un de ces jeunes et notez trois questions qui vous intéressent et que vous pourriez poser à Omar Sy. Après, lisez ces questions à votre voisin et comparez-les à ses idées.*

2. *Lisez maintenant les réponses d'Omar Sy dans l'interview et ajoutez les questions que les jeunes ont posées.*

Omar Sy : « Les réalisateurs m'ont taillé un costard sur mesure »

1. Guillaume : _____

_____

Omar Sy : Je n'ai pas rencontré Abdel, mais Philippe, qui vit au Maroc. On y est allés avec le producteur, les réalisateurs Olivier, Eric et François Cluzet. On a parlé avec lui avant le tournage. Il y a toujours l'appréhension d'aller voir une personne qui est touchée par un handicap,
5 on se dit qu'on va avoir pitié, etc. On se demande comment on va se comporter, on a peur de la gêne qui pourrait s'installer. Et comme c'est un monsieur très intelligent, avec beaucoup d'humour et de recul sur sa situation, il ne laisse pas la place à ça et est très séduisant, très vivant dans le regard. Ça nous a mis super à l'aise. La manière dont il parlait d'Abdel rendait bien l'intensité de leur relation. On voit que c'était un lien très fort qui les unissait et qui les unit encore aujourd'hui.

2. Dahlia : _____

_____

10 Omar Sy : Non, […] je ne suis pas Driss, mais on a la même base, on va dire. Il est d'origine africaine, il aime danser, il aime vanner, il vient de la banlieue.

3. Alice : _____

_____

Omar Sy : […] Je me suis préparé parce qu'il y avait aussi un challenge, une responsabilité vis-à-vis d'Eric et Olivier, les réalisateurs, mais aussi de Philippe Pozzo di Borgo. D'un point de vue physique, il fallait que je porte François tous les jours, j'ai donc musclé mon dos. Et je me suis préparé avec
15 une coach, que je vois depuis quelques années, avec qui j'ai travaillé des techniques pour être à l'aise et libre sur le tournage.

4. Guillaume : _____

_____

Omar Sy : […] Ah non, le parapente, c'est pour de vrai. On a fait six ou sept sauts, c'est magnifique, un truc incroyable.

5. Arthur : _____

_____

Omar Sy : C'est vraiment mes peintures [...] ! C'est la première fois que je faisais ça et il y a un côté
20 kiff là-dedans. Faudrait que je refasse ça chez moi, en cachette (rires).

6. Arthur : _____

_____

Omar Sy : [Je porte] un regard de mec désolé [sur la banlieue]. La situation ne s'arrange pas. J'ai
du mal à faire une analyse parce que c'est très complexe. Mais le seul constat que je fais est celui
d'une différence entre aujourd'hui et le temps de mon enfance à Trappes – j'ai encore des petits
frères qui vivent là-bas. C'est qu'ils ne s'autorisent même plus le rêve. Nous, on savait que c'était
25 difficile, qu'il fallait se battre deux fois plus, mais on avait des envies.

© Emmanuel Cirodde (Studio Ciné Live) / lexpress.fr / 02.11.2011 (texte abrégé et légèrement adapté)

4 le tournage Dreharbeit – **6 la gêne** Befangenheit – **7 le recul** Abstand – **7 séduisant, e** verführerisch, anziehend –
8 mettre qn à l'aise dafür sorgen, dass jemand sich wohlfühlt – **9 unir** vereinen – **11 vanner** *fam* faire des blagues (Witze machen) –
16 être à l'aise sich wohlfühlen – **17 un saut** ein Sprung – **19 la peinture** Gemälde – **19 il y a un côté kiff** *fam* je l'ai beaucoup
aimé – **20 en cachette** en secret (heimlich) – **22 un constat** eine Feststellung – **23 Trappes** *à la banlieue de Paris* –
25 se battre kämpfen

3. *Jugez les questions des jeunes. Est-ce que vous trouvez qu'ils ont fait un bon choix ? Y a-t-il des questions intéressantes qui manquent à votre avis ?*

Le succès du film

Intouchables : le jackpot de Gaumont

Coproducteur du film, le groupe cinématographique français a réalisé en 2011 un bénéfice avant impôt autour de 20 millions d'euros, dont 16 millions liés aux seules entrées en salle. Le succès d'*Intouchables* continue de faire le bonheur de Gaumont. Sorti en salle en novembre 2011 et au cinéma jusqu'en mars 2012, le film a totalisé 19,3 millions d'entrées
5 en France, dont 2,5 millions en janvier et février. C'est le troisième plus gros succès historique dans les cinémas français, derrière *Titanic* (20,7 millions d'entrées en 1998) ou *Bienvenue chez les Ch'tis* (20,4 millions en 2008) et devant *La Grande Vadrouille* (plus de 17 millions en 1966). À l'étranger, le film flirte avec les 20 millions d'entrées.
Pour un coût de production de moins de 10 millions d'euros et un budget marketing de
10 1 à 2 millions, *Intouchables* est un authentique jackpot. « Au bout de quinze jours d'exploitation, on savait que ce serait un succès. À partir de trois millions d'entrées, c'est devenu une belle affaire », raconte Sidonie Dumas, directrice générale de Gaumont.
Le cinéma reste un secteur dynamique. À 101,85 millions au premier semestre, les entrées ont augmenté de 4,7 % sur un an, selon le Centre national du cinéma (CNC), avec une part
15 de 44,2 % des films français, contre 44,9 % pour les films américains.
Avec environ 22 millions de spectateurs hors de France jusqu'en été 2012, *Intouchables* est pour l'instant le 2e plus gros succès à l'international d'un film français tourné en langue française depuis 1994 derrière *Le Fabuleux Destin d'Amélie Poulain* et ses 23 millions d'entrées. En Allemagne, c'est le film français avec le plus de spectateurs depuis au moins 1968.

© Alexandre Debouté / lefigaro.fr / 29.07.2012

Gaumont *französische Filmproduktionsfirma* – **1 un bénéfice** l'argent qu'on gagne (Gewinn, Profit) – **2 un impôt** Steuer

1. *Complétez les graphiques suivants à l'aide des informations du texte.*

a) Les films les plus vus au cinéma français

b)
_____ € pour la production
_____ € pour le marketing

_____ €
bénéfice

c) 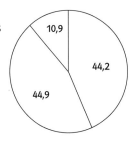 En France : _____ de spectateurs | Dans les autres pays : _____ de spectateurs

d) L'origine des films au cinéma français
10,9 / 44,2 / 44,9

2. *Cherchez sur Internet des chiffres actuels sur le succès du film.*

Les effets sur le comportement des spectateurs

1. *Le film peut-il avoir des effets sur le comportement et les attitudes des spectateurs ?*
   Réfléchissez tout seul à cette question, après parlez-en à votre voisin, puis discutez-en en classe.

2. *Commentez le dessin et la lettre d'une spectatrice à Philippe Pozzo di Borgo à l'aide des questions suivantes :*
   quels sont les changements dont ils parlent ? À votre avis, sont-ils représentatifs pour beaucoup de spectateurs
   et pour vous-même ?

> ...
> Lorsque je prends le bus et que j'aperçois deux ou trois grands adolescents noirs [...], je
> m'arrange pour m'asseoir loin d'eux. Depuis que j'ai vu le film, c'est étrange, mais je suis
> moins apeurée. [...] Cette histoire a influé sur ma vision des choses, parce que le véritable
> Driss, celui qui s'appelle Abdel dans la réalité, a incontestablement aidé cet homme. Il
> 5 m'arrive à présent de croiser le regard de ces jeunes. Je me dis que je pourrais les considérer
> autrement que comme une source potentielle de problèmes. Comme Driss, ils pourraient être à
> même de contribuer à notre société, d'une façon ou d'une autre.
> ...

Philippe Pozzo di Borgo / Jean Vanier / Laurent de Cherisey :
Tous Intouchables. Éditions Bayard Jeunesse (p. 44–45)

3 être apeuré, e avoir peur – **3 influer** avoir de l'influence – **3 véritable** vrai, e / réel, le – **4 incontestablement** zweifellos – **5 croiser**
kreuzen – **5 considérer** regarder – **6 être à même de faire qc** être capable de faire qc (fähig sein) – **7 contribuer** einen Beitrag leisten

Médiation : les bénéfices pour l'association

Du erhältst folgende Nachricht von deinem Cousin:

Hi du, ich brauch dringend deine Hilfe, du bist doch gut in French. Hier ist ein Zeitungsartikel, den ich für mein Reli-Referat über die Situation behinderter Menschen in Frankreich verwenden soll. Aber ich versteh irgendwie nur Bahnhof. Was steht denn grob in dem Artikel drin? Aber bitte auf Deutsch ;-) Thx.

Quand Intouchables aide les handicapés

INFGORAPHIE – Grâce à l'argent de la comédie, l'association Simon de Cyrène va construire deux nouvelles communautés qui parient sur la relation entre handicapés et valides.

Intouchables, ce n'est pas que du cinéma. Après avoir fait rêver plus de 19
5 millions de spectateurs, la comédie phénomène […] s'apprête à changer la vie de personnes handicapées au quotidien. L'association Simon de Cyrène, qui touche 5 % des bénéfices réalisés par les producteurs du film, vient d'obtenir un feu vert administratif pour lancer deux projets de communautés de logements, peuplés pour moitié de personnes handicapés et pour l'autre moitié de personnes valides,
10 assistants salariés et volontaires effectuant leur service civique. Une alchimie conforme à l'esprit du film, fondée sur la relation, l'amitié et le partage des bons comme des mauvais moments.

Le pactole récolté par Simon de Cyrène grâce au film – qui s'élève pour l'instant à 800.000 euros – va donc être utilisé pour amorcer le financement de deux projets, à
15 Rungis, dans le Val-de-Marne, [… et] à Angers. […] Cette belle histoire n'aurait pas été possible sans la générosité de Philippe Pozzo di Borgo, l'aristocrate tétraplégique dont l'histoire a inspiré le film et qui a demandé à ce qu'un pourcentage des recettes soit reversé à l'association dont il est le président d'honneur. Sa complicité avec Abdel Sellou […] peut-elle être […] vécue par d'autres ? « Oui, car nous sommes tous
20 dépendants, invalides ou non, couchés ou debout. Le film le dit bien : personne ne peut s'en sortir seul », répond Pozzo di Borgo.

© Agnès Leclair / lefigaro.fr / 23.02.2012

3 un valide une personne qui n'est pas handicapée – **5 s'apprêter** commencer – **7 les bénéfices** l'argent gagné avec le film *Intouchables* – **8 lancer** commencer – **8 peuplé** *ici* : avec – **10 un salarié** qn qui gagne de l'argent pour son travail – **10 le service civique** une année sociale, par exemple après le bac – **13 un pactole** *fam* une très grosse somme d'argent – **14 amorcer** commencer – **16 la générosité** le trait de caractère que qn aime beaucoup donner de ce qu'il a – **17 les recettes** l'argent qu'on a gagné avec le film – **18 reverser** donner

Du schreibst eine Nachricht mit einer kurzen deutschen Zusammenfassung des Textes zurück.

Juger des critiques

Mettez-vous à quatre et lisez ces opinions sur les films. Êtes-vous d'accord ou pas ?
Écrivez autour du texte vos pensées et associations d'idées, des (contre-)exemples, des explications, etc.
Après, passez votre papier à gauche et prenez le papier de votre voisin à droite. Lisez et commentez ses pensées.
Ensuite, passez encore une fois le papier à gauche, prenez celui de votre voisin à droite et ajoutez vos commen-
taires. À la fin, reprenez votre feuille et lisez ce que les autres du groupe ont écrit.
Comme c'est une « conversation par écrit », vous n'avez pas le droit de parler.

> C'est vrai, « les handicapés » est un sujet sensibles parce qu'on
> a peur de les offenser.
>
> Malgré la difficulté du sujet et tous les dangers qui l'entoure,
>
> le duo Toledano – Nakache, les réalisateurs, a réussi à faire
>
> une comédie brillante, singulière, naturelle et écrite toute en
>
> finesse. Hormis une scène finale un peu prévisible et un peu
>
> 5   trop appuyée, *Intouchables* se détache grâce à cet humour.
>
> Jamais vulgaire, toujours drôle, c'est le fou rire assuré tout en
>
> gardant le sujet à vue.

Christopher Ramoné ; Le Nouvel Observateur, 2.11.2011

> On y retrouve tous les ingrédients des grands succès
>
> de la comédie française : un tandem improbable,
>
> 10   la rencontre des extrêmes, une générosité réciproque,
>
> un message optimiste, un mélange de rire et
>
> d'émotion …

Vincent Coquaz ; Le Point, 1.11.2011

1 malgré trotz – **4 hormis** außer – **4 prévisible** vorhersehbar – **5 appuyé, e** dick aufgetragen – **5 se détacher** sich abheben, hervor-
stechen – **8 un ingrédient** Zutat – **9 improbable** unwahrscheinlich – **10 la générosité** Großzügigkeit – **10 réciproque** wechselseitig,
beidseitig

Écrire une critique de film

Écrivez une critique du film « Intouchables » pour un journal d'école franco-allemand. Pour vous aider, suivez les étapes indiquées dans le tableau ci-dessous.

Commencez avec « une accroche » (une question, une citation, etc.)	
Indiquez le titre et le sujet principal du film.	
Parlez de l'histoire sans tout raconter.	
Donnez votre opinion sur le film (avec justification).	
Faites une recommandation.	

Quelques expressions pour écrire une critique de film :

un film intéressant / passionnant / magnifique / brillant / drôle / amusant / rigolo, excellent / réussi / captivant (= fesselnd) / plein d'humour /touchant / émouvant (= ergreifend)

un film un peu ennuyeux / peu intéressant / plein de clichés / trop sentimental, mauvais / décevant (= enttäuschend) / horrible / banal / pas crédible (=unglaubwürdig)

un scénario bien / mal ficelé (= gut / schlecht gemacht)

Je conseille / déconseille (= rate zu / ab) (plutôt / vivement) de regarder ce film, d'acheter le DVD …

Le débat autour du film

1. Décrivez et commentez la caricature suivante.

2. « Intouchables est un film raciste. »

Cherchez des arguments pour et contre cette affirmation et écrivez-les dans le tableau ci-dessous.

pour	contre

3. *Le reproche de racisme vient des États-Unis. Lisez la critique suivante d'un journaliste américain dans le magazine « Variety » et les voix contre ses reproches. Complétez le tableau avec les arguments mentionnés dans ces textes. Que pensez-vous personnellement de ces arguments ?*

Texte 1 :

Untouchable – Intouchables (France)

French co-helmers/scripters Eric Toledano and Olivier Nakache have never delivered a film as offensive as „Untouchable," which flings about the kind of Uncle Tom racism one hopes has permanently exited American screens. It's about a white quadriplegic hiring a black man from the projects to be his caretaker, exposing him
5 to „culture" while learning to loosen up.
The caretaker in real life is Arab, not black. There are plenty of gags, taking hoary potshots at modern art, opera and „high" culture via the very tired idea that a black man from the wrong side of town could only ridicule such things.
In fact, Driss is treated as nothing but a performing monkey (with all the racist
10 associations of such a term), teaching the stuck-up white folk how to get „down" by replacing Vivaldi with „Boogie Wonderland" and showing off his moves on the dance floor. It's painful to see Sy, a joyfully charismatic performer, in a role barely removed from the jolly house slave of yore, entertaining the master while embodying all the usual stereotypes about class and race.
15 The nadir comes when Driss dons a suit and Magalie tells him he looks like President Obama, as if the only black man in a suit could be the president.

© Jay Weissberg / www.variety.com / 29.02.2011

2 offensive offensif, -ive (beleidigend) – **5 to loosen up** devenir plus relaxé (lockerer werden) – **7 to take potshots** aufs Geratewohl auf etw schießen – **8 to ridicule** rendre qc ridicule (etw lächerlich machen) – **9 monkey** un singe (Affe) – **10 stuck-up** hautain, e (hochnäsig) – **12 removed** loin (entfernt) – **13 jolly** gai, e (lustig) – **13 slave** un esclave (Sklave) – **13 of yore** d'autrefois (von einst) – **15 nadir** Tiefpunkt – **15 to don** mettre – **15 suit** un costume (Anzug)

Texte 2 :

François Cluzet, l'acteur qui a joué Philippe :
« Intouchables est une histoire de réconciliation entre le riche et le pauvre, le handicapé et le mobile ; donner et recevoir n'est pas une histoire de couleur de peau ! »

(Le Figaro, 2.3.2012)

une réconciliation Versöhnung

Texte 3 :

Eric Tolédano et Olivier Nakache, les réalisateurs du film :
« C'est vrai qu'il y a un fossé culturel entre nos deux pays, mais je pense qu'on peut compter sur l'intelligence et la lucidité des gens. Bien sûr, nous ne vivons pas à Disneyland et sommes conscients du fait que c'est un film optimiste, mais à ceux
5 qui préfèrent souligner les oppositions et les tensions, nous n'avons qu'une réponse : c'est une vraie histoire ! »

(Le Figaro, 2.3.2012)

2 un fossé Graben – **3 la lucidité** Scharfsinnigkeit – **4 être conscient de qc** sich einer Sache bewusst sein

Texte 4 :

Un spectateur d'Afrique : Intouchables, un film raciste pour Variety. Pas vu d'Afrique !

Intouchables, je l'ai vu en Afrique, dans une salle comme dirait les deux autres, « ebony and ivory », et qui riait de concert, « in a perfect harmony ». […] Là où je vis, en Afrique, où on ne plaisante pas avec le sujet du racisme, ni de l'esclavagisme,
5 le film a été formidablement bien accueilli, les vannes d'Omar Sy [… et] chaque moment du film a fait vibrer la salle entière, et ce, sans distinction de couleur. […] Noirs et blancs, dans la même salle, les mêmes rires, les mêmes larmes, la même émotion, sans qu'on ne se pose la question d'un soi-disant racisme qu'ici en tout cas, personne n'a cherché, ni vu. Nous y avons juste trouvé la rencontre de deux
10 mondes qui n'auraient jamais dû se rencontrer, l'amitié étonnante entre deux hommes […] là où Variety n'y aura vu qu'une histoire de couleurs.

© Dominique Bochel-Guégan / www.leplusnouvelobs.com / 09.12.2011

3 ebony and ivory des noirs et des blancs – **5 accueilli** aufgenommen – **5 une vanne** *fam* Witz, Stichelei – **6 la distinction** la différence – **8 soi-disant** angeblich

7 Vorschläge zur Leistungsmessung

Kopiervorlage 7.1 ▼

Hörsehverstehens-Test

Erläuterungen

Die 1. Frage für diese zentrale Café-Szene (43:02 – 46:43) bezieht sich auf das Globalverständnis, die weiteren geschlossenen und halboffenen Fragen sind chronologisch geordnet, um das Beantworten zu erleichtern. Die Szene wird zwei Mal (mit Pause) vorgespielt. Dieser Hörsehverstehens-Test kann entweder im Laufe der Unterrichtseinheit (z. B. als Vorbereitung für Kopiervorlage 1.7) eingesetzt werden oder Teil einer Klassenarbeit sein.

Lösung

1. Quels sont les sujets de la conversation ? Choisissez-les et numérotez-les dans l'ordre correct.

   1. la sexualité de Philippe

   2. l'histoire d'amour de Philippe et sa première femme

   3. les difficultés de Philippe et sa femme d'avoir des enfants

   4. le plaisir de Philippe de faire du parapente

   5. l'accident de parapente de Philippe

   6. les pronostics des médecins pour Philippe

   7. l'embauche définitive de Driss

   8. l'œuf volé par Driss

2. Qu'est-ce que Driss mange / veut manger ?

   ☒ une cuisse de poulet

   ☐ une pizza

   ☐ des pommes de terre

   ☐ du fromage

   ☐ une tarte aux pommes

   ☒ une tarte Tatin

   ☐ un gâteau au chocolat

   ☐ une mousse au chocolat

3. La première femme de Philippe s'appelle

   ☐ Aline   ☒ Alice

   ☐ Alizée   ☐ Anine

4. Philippe a rencontré sa femme quand il avait **20** ans.

5. Philippe a aimé sa femme

☒ beaucoup   ☐ un peu   ☐ plus du tout à la fin

6. Après <u>5</u> bébés morts, Philippe et sa femme se sont décidés **à adopter un enfant.**

7. Philippe raconte qu'il a fait du parapente parce qu'il

☐ aime le risque.

☒ aime les concours.

☒ aime le sentiment de regarder le monde d'en haut.

☐ aime faire le même sport que sa femme.

☐ avait perdu un pari.

☒ aime le sentiment de vitesse.

8. Philippe raconte qu'il faisait du parapente le jour de l'accident malgré une météo difficile parce qu'il voulait souffrir comme sa femme.

☒ vrai   ☐ faux

9. Philippe croyait toujours que sa femme allait se rétablir du cancer.

☐ vrai   ☒ faux

10. Philippe dit que son vrai handicap, ce n'est pas d'être en fauteuil, mais **d'être sans sa femme**.

11. Les médecins disent que Philippe va mourir avant d'avoir 70 ans.

☐ vrai   ☒ faux

12. Philippe veut avoir l'œuf parce que

☐ c'est un cadeau de Fabergé.

☒ c'est un cadeau de sa femme.

☐ c'est un cadeau pour son 25ᵉ anniversaire.

☒ ça montre qu'il a fêté 25 ans de mariage.

Bewertung
Je richtigem Kreuz bzw. richtiger Antwort 1 Punkt, d.h. insgesamt 24 Punkte.

Schriftliche Prüfung (Niveau 1)
Erläuterungen
Diese Klassenarbeit für Niveau B1 (Mittelstufe) enthält Fragen zum Leseverständnis sowie einen Textproduktions-Teil, der kreatives Schreiben und Argumentieren (in Bezug auf den gelesenen Drehbuchausschnitt bzw. den gesehenen Film) verbindet.

Lösung
I.

1.

		vrai	faux	on ne sait pas	justification : ligne
a)	Normalement, Philippe dort très longtemps.		X		I.2
b)	Il faut au moins 120 minutes pour préparer Philippe pour la journée.	X			I.3
c)	Beaucoup d'auxiliaires restent seulement une semaine chez Philippe.	X			I.4
d)	Driss est le septième auxiliaire de Philippe.			X	
e)	Driss ne comprend pas pourquoi Yvonne lui montre la maison.	X			I.5–6
f)	Yvonne a un baby-phone pour communiquer.		X		I.9
g)	Driss a l'intention de partir très vite.	X			I. 6 / 19
h)	Driss pense que la proposition de Philippe de rester comme auxiliaire est une blague.	X			I.27
i)	Yvonne pense que Driss est un bon candidat pour le travail d'auxiliaire.			X	

2. Il est impressionné par la baignoire parce qu'elle est très grande et jolie et le contraire de la petite baignoire dans la petite salle de bains de l'appartement de sa famille.

3. ... parce qu'il ne travaille pas et vit avec l'argent des allocations chômage / l'aide sociale.

4. parce qu'il est tétraplégique et ne peut pas vivre sans aide.

5. Cochez : Philippe pense que ...

☐ Driss va partir dans un mois.

☒ Driss ne va pas rester plus que 15 jours.

☐ Driss va rester une journée pour réfléchir.

6. Quel style de musique entend-on ? la musique classique

   Qui aime cette musique ? seulement Philippe, pas les autres

7.

– « la déco » (l.5) = la décoration

– « je vais pas l'acheter » (l.6) = je ne vais pas l'acheter

– « ça » (l.5) = cela

II.

– des arguments pour la proposition de Philippe : un appartement pour lui après le renvoi de l'appartement de sa famille, une chambre / salle de bains luxueuse, Magalie ...

– des arguments contre la proposition de Philippe : un travail dur, se lever très tôt, la musique classique ...

Bewertung

I.   1. 9 Punkte (je richtiger Zeile 1)

I.   2.–7. 11 Punkte

II. 20 Punkte : (Inhalt max. 4 Punkte + Sprache max. 6 Punkte) x2

Gesamt: 40 Punkte

Bewertungsschlüssel mit Schwellenwert 50 % (d.h. für die Note 4– muss die Hälfte der Punktzahl erreicht werden):

Note 1: 40 – 35 Punkte

Note 2: 34,5 – 30 Punkte

Note 3: 29,5 – 25 Punkte

Note 4: 24,5 – 20 Punkte

Note 5: 19,5 – 15 Punkte

Note 6: 14,5 – 0 Punkte

Schriftliche Prüfung (Niveau 2)   Kopiervorlage 7.3

Erläuterungen

In dieser Klassenarbeit zu Niveau B2 (Oberstufe) folgen die Fragen zu diesem Textauszug aus Abdel Sellous Biographie dem Prinzip der zunehmenden Komplexität und Transferleistung: Fragen 1 und 2 sind mit Paraphrasen aus dem Text zu beantworten (Anforderungsbereich I – Reproduktion und Textverstehen). Frage 3, 4 und 5 gehen über den Text hinaus und erfordern eine Interpretation (Anforderungsbereich II – Analyse). Bei Frage 4 müssen sprachliche Besonderheiten berücksichtigt werden, Frage 5 erfordert eine eigene Stellungnahme (Anforderungsbereich III – Werten und Gestalten). Im Unterschied zur Klassenarbeit für die Mittelstufe wird hier nicht zwischen Lese- und Schreibkompetenz getrennt, sondern bei den Fragen zum Textverständnis eine Reformulierung in eigenen Worten sowie eine zunehmende Interpretationsleistung gefordert.

Lösungsvorschlag

1. Lors d'une conférence, Philippe dit à des étudiants des grandes écoles de commerce qu'il faut plus respecter et être solidaire avec l'Autre, ce qu'il a appris grâce à son accident. Abdel dort à moitié pendant ce discours et se réveille de temps en temps pour se souvenir du passé et penser qu'il est un des Autres dont Philippe parle.

2. Abdel explique qu'il a beaucoup changé : autrefois, il aurait volé l'ordinateur portable des riches comme la fille de Philippe – maintenant, il veille à sa sécurité. Philippe a également changé par suite de son accident de parapente : autrefois, il pouvait tout faire, mais il n'aurait jamais eu de contact avec des personnes marginalisées comme Abdel. Maintenant, il fait plus attention aux autres et les respecte, prononce même des discours pour convaincre d'autres de sa nouvelle attitude.

3. Le message de Philippe qu'il faut penser à l'Autre et être solidaire est surtout important dans le domaine économique parce qu'une mentalité égoïste et capitaliste y est prédominante : par conséquent, on regarde l'autre comme un concurrent (cf. l. 21–22) et met les faibles à l'écart (cf. 2–3). Pour changer cette situation, il faut s'adresser aux futurs responsables, c'est-à-dire des étudiants de commerce de grandes écoles, l'élite d'État à l'avenir.

4. Pour Abdel, Philippe est une personne supérieure à lui : il le vouvoie (« monsieur Pozzo », l. 1+25) et dit que c'est son « boss » (l.26). En même temps, il montre une sorte d'admiration et de vénération pour lui : il le qualifie de « grand sage » (l.18) et « être supérieur » (l.18–19), c'est-à-dire une sorte de saint. Cette connotation religieuse est soulignée par des mots de langage biblique : Philippe est pour Abdel un « esprit flottant au-dessus de sa misérable enveloppe charnelle » (l. 18) et « délivré de la chair » (l.19). Cette vénération est très étonnante parce qu'Abdel a déjà une image très positive de lui-même, il pense qu'il est « le meilleur » (l.26).

5. Cette phrase d'Abdel veut dire qu'un grave accident est nécessaire pour changer des attitudes et un comportement égoïste. C'était vrai dans le cas de Philippe et c'est compréhensible : si la vie est complètement bouleversée, on commence à réfléchir sur ses priorités et son comportement. Mais à mon avis, cette phrase provoquante est exagérée et on ne peut pas la généraliser. On peut aussi changer ses attitudes à cause de d'autres événements (par exemple la mort d'un ami) ou à cause de ce qu'on entend comme témoignage de quelqu'un d'autre – sinon, le discours de Philippe n'aurait pas de sens.

Bewertung

Bewertet werden Inhalt und Sprache jeweils mit maximal 5 Punkten. Bei den komplexeren Fragen 3, 4 und 5 wird der jeweilige Wert verdoppelt, um eine adäquate Gewichtung der Aufgaben zu erhalten.

1. (5/5) = 10 Punkte

2. (5/5) = 10 Punkte

3. (5/5)x2 = 20 Punkte

4. (5/5)x2 = 20 Punkte

5. (5/5)x2 = 20 Punkte

Gesamt: 80 Punkte

Bewertungsschlüssel mit Schwellenwert 50 % (d.h. für die Note 4– muss die Hälfte der Punktzahl erreicht werden):

Note 1: 80 – 70 Punkte

Note 2: 69,5 – 60 Punkte

Note 3: 59,5 – 50 Punkte

Note 4: 49,5 – 40 Punkte

Note 5: 39,5 – 30 Punkte

Note 6: 29,5 – 0 Punkte

Mündliche Prüfung
Kopiervorlage 7.4▼
Erläuterungen

Im Folgenden werden einige Vorschläge für mündliche Partnerprüfungen gemacht. Vom Ablauf her hat es sich bewährt, dass einer der beiden SuS mit dem monologischen Teil beginnt und der Partner währenddessen in einer anderen Ecke des Raumes seine Rolle für den dialogischen Teil vorbereiten darf, indem er sich einige Notizen macht. Dann wird getauscht, d.h. der zweite SuS kommt für seinen monologischen Teil nach vorne und der erste SuS darf sich hinten im Raum mit seiner Rollenkarte beschäftigen. Anschließend spielen beide SuS ihren Dialog vor (ohne sich vorher abgesprochen zu haben).

Als „Icebreaker" zu Beginn der Prüfung ist eine leichte Einstiegsfrage geeignet (evtl. kann man den SuSn vorher im Unterricht einen Fragenpool an möglichen Themen zur Vorbereitung geben). Der SuS zieht z.B. eine Karte mit dem Namen und/ oder Foto einer zentralen Figur des Films (Philippe, Driss, Elisa, Magalie) und muss kurz (ca. eine Minute lang) erzählen, was er über diese Figur weiß. Alternativ können auf den Karten Stichworte zu lesen sein, die in Zusammenhang mit dem Film stehen, und der SuS muss dies kurz erläutern (z.B. le parapente, la banlieue, la lettre d'amour, l'opéra, la fête d'anniversaire, la douleur, la musique classique, l'amour, la comédie usw.)

Im anschließenden längeren monologischen Teil ist eine Bildbeschreibung möglich: Ein Screenshot (z.B. aus den KVs zu Kapitel 1) wird dem SuS vorgelegt, er muss das Bild genau beschreiben und anschließend erklären, um welche Szene des Filmes es sich handelt und was vorher und nachher passiert. Zusatzfragen (mit etwas Transferleistung) sind, welcher Kameraperspektive dieses Foto entspricht, inwiefern diese Szene im Film eine zentrale Rolle spielt, wie die Figuren in dieser Szene charakterisiert werden können, in welche Rolle der SuS an dieser Stelle am liebsten schlüpfen würde und warum, welche Figuren des Fotos auf den Zuschauer sympathisch und unsympathisch wirken und warum usw.

Eine weitere Möglichkeit für den monologischen Teil ist die Erklärung von und Stellungnahme zu Zitaten und komplexeren Fragestellungen, wie sie in KV 7.1 aufgeführt sind. Diese Aufgaben können auch als Zusatzfrage in eine schriftliche Klausur integriert werden oder in einer Rechenschaftsablage während der Unterrichtseinheit zu „Intouchables" Verwendung finden.

Für den dialogischen Teil bieten sich Rollenspiele an, bei denen die SuS entweder in die Haut einer Filmfigur schlüpfen oder von „außen" her über den Film reden (vgl. Vorschläge in KV 7.2). Wichtig ist dabei, dass die Gesprächsanteile und das nötige Vorwissen der beiden Rollen möglichst gleich verteilt sind (d. h. nicht ein Interview mit einer Filmfigur, in der der eine SuS ja nur Fragen stellen müsste und nicht zeigen kann, was er vom Film weiß).

Lösungsvorschlag

a)

1. le handicap physique = Philippe est tétraplégique après son accident de parapente ; le handicap social = Driss est marginalisé dans la société (noir, banlieusard, criminel dans le passé) ; l'humour = p.ex. la scène à l'opéra, quand Driss coupe la barbe de Philippe, etc. ; la relation = l'amitié, l'aide mutuelle (+ exemples)

2. siehe KV 6.4

3. « ange gardien » = qn qui fait attention que rien de grave n'arrive, qui s'occupe de Philippe (exemples) ; « diable » parce que beaucoup de gens croient que Driss est un « mauvais garçon » (cf. son passé criminel) et parce que son comportement ne correspond pas toujours à celui d'une personne bienveillante (p.ex. quand il verse de l'eau bouillante de la théière sur la jambe de Philippe)

4. des raisons : l'humour, une fin heureuse, des bons acteurs sympathiques, le message que des personnes de milieux irréconciliables peuvent s'aider mutuellement, devenir amis et changer l'autre, etc.

5. opinion personnelle ; important : des arguments

6. Philippe : dépressif, seul – a trouvé une compagne, nouvelle joie de vivre

   Driss : de mauvaises manières – a plus de connaissances (cf. l'entretien d'embauche : le tableau de Dalì), se comporte de façon moins brutale (cf. la voiture mal garée), etc.

7. Magalie est l'assistante de Philippe aux moments décisifs (l'entretien d'embauche, la dictée de lettres), une des motivations pour Driss d'accepter le poste, une des seules personnes qui résistent au charme de Driss, provoque une fin surprenante (est lesbienne)

Hörsehverstehens-Test

Regardez la scène au café des deux magots (43:02 – 46:43).
Cochez la/les bonne/s réponse/s et complétez.

Vocabulaire : **être excité, e** erregt sein ; **une fausse couche** Fehlgeburt ; **la souffrance** Leiden ; **être embauché, e** eingestellt werden ; **le pari** Wette

1. Quels sont les sujets de la conversation ? Choisissez-les et numérotez-les dans l'ordre correct.

   ☐ l'histoire d'amour de Philippe et sa première femme

   ☐ l'embauche définitive de Driss

   ☐ les problèmes entre Philippe et sa fille

   ☐ les oreilles de Driss

   ☐ le plaisir de Philippe de faire du parapente

   ☐ le repas préféré de Philippe

   ☐ l'œuf volé par Driss

   ☐ les massages réguliers de Philippe

   ☐ la sexualité de Philippe

   ☐ l'accident de parapente de Philippe

   ☐ les villes où Philippe a vécu

   ☐ le métier de Philippe

   ☐ les problèmes de Philippe et sa femme d'avoir des enfants

   ☐ le temps à l'hôpital

   ☐ les pronostics des médecins pour Philippe

2. Qu'est-ce que Driss mange / veut manger ?

   ☐ une cuisse de poulet   ☐ une pizza

   ☐ des pommes de terre   ☐ du fromage

   ☐ une tarte aux pommes   ☐ une tarte Tatin

   ☐ un gâteau au chocolat   ☐ une mousse au chocolat

3. La première femme de Philippe s'appelle

   ☐ Aline   ☐ Alizée

   ☐ Alice   ☐ Anine

4. Philippe a rencontré sa femme quand il avait _____ ans.

5. Philippe a aimé sa femme

   ☐ beaucoup   ☐ un peu   ☐ plus du tout à la fin

6. Après _____ (nombre) bébés morts, Philippe et sa femme se sont décidés à _____

   _____.

7. Philippe raconte qu'il faisait du parapente parce qu'il

   ☐ aime le risque.

   ☐ aime les concours.

   ☐ aime le sentiment de regarder le monde d'en haut.

   ☐ aime faire le même sport que sa femme.

   ☐ avait perdu un pari.

   ☐ aime le sentiment de vitesse.

8. Philippe raconte qu'il a fait du parapente le jour de l'accident malgré une météo difficile parce qu'il voulait souffrir comme sa femme.

   ☐ vrai   ☐ faux

9. Philippe croyait toujours que sa femme allait se rétablir du cancer.

   ☐ vrai   ☐ faux

10. Philippe dit que son vrai handicap, ce n'est pas d'être en fauteuil, mais _____

    _____

11. Les médecins disent que Philippe va mourir avant d'avoir 70 ans.

    ☐ vrai   ☐ faux

12. Philippe veut avoir l'œuf parce que

    ☐ c'est un cadeau de Fabergé.

    ☐ c'est un cadeau de sa femme.

    ☐ c'est un cadeau pour son 25ᵉ anniversaire.

    ☐ ça montre qu'il a fêté 25 ans de mariage.

Schriftliche Prüfung (Niveau 1)

I. Compréhension écrite

Lisez cet extrait du scénario du film « Intouchables ».

> *Driss suit Yvonne dans les salons du superbe hôtel particulier. [...]*
>
> **YVONNE :** La journée commence impérativement à 7 heures du matin, avec l'infirmière. Il a besoin de deux à trois heures de soins tous les matins. Je dois vous préciser que beaucoup de candidats jettent l'éponge au bout d'une semaine, ça défile ici.
>
> 5 **DRISS :** Bon … J'aime bien la déco, la musique et tout ça c'est très bien, mais a priori je vais pas l'acheter, et puis j'ai pas prévu la journée non plus …
>
> **YVONNE :** Bon écoutez, on m'a demandé de vous faire une visite, moi aussi j'ai d'autres chats à fouetter. De toute façon c'est bientôt fini. Alors voilà pour communiquer vous avez un baby-phone c'est comme un talkie : vous l'entendez, il vous entend … […]
>
> 10 **YVONNE (off) :** … Selon le contrat vous disposez également d'une dépendance. […] Alors là vous avez les toilettes, et là vous avez une salle de bains séparée … Oh-oh ? … C'est là.
>
> *Driss découvre une salle de bains. Il se bloque net et reste scotché sur la magnifique baignoire qui trône au milieu.*
>
> **YVONNE :** Bon, il vous attend.
>
> 15 **DRISS (regard fixe) :** Une minute !
>
> *[…] [La porte de la chambre de Philippe] s'ouvre doucement, la tête de Driss apparaît. On découvre avec lui la chambre. Philippe, en tee-shirt, est allongé. Un médecin et une infirmière s'occupent de lui […].*
>
> **PHILIPPE :** Bon, ça y est, c'est signé votre papier, il est dans une enveloppe sur la petite table.
>
> 20 *Driss se retourne, saisit l'enveloppe et amorce son départ.*
>
> **PHILIPPE :** Autrement, comment vous vivez l'idée d'être un assisté ?
> **DRISS :** Quoi ?
> **PHILIPPE :** Non je veux dire ça ne vous gêne pas de vivre sur le dos des autres ? Ça ne vous pose pas un petit problème de conscience, non ?
> 25 **DRISS :** Ça va merci, et vous ?
> **PHILIPPE :** Sinon, vous pensez que vous seriez quand même capable de travailler ? Je veux dire avec des contraintes, des horaires, des responsabilités …
> **DRISS :** Je me suis trompé, en fait vous avez de l'humour.
> **PHILIPPE :** J'en ai tellement que je suis prêt à vous prendre à l'essai pendant un mois. Je vous laisse la journée pour réfléchir ? … Je parie que vous ne tiendrez pas deux semaines …

1 une infirmière une personne qui soigne des malades − **2 un soin** → soigner (pflegen) − **2 jeter l'éponge** *fam, fig* das Handtuch werfen − **3 au bout de ...** am Ende von − **3 défiler** sich die Klinke in die Hand geben − **6 prévoir** (ein)planen − **7 avoir d'autres chats à fouetter** *fam, fig* avoir autre chose à faire − **10 disposer de qc** über etw verfügen − **10 une dépendance** *ici* : une chambre, un petit appartement − **12 se bloquer net** *fam, fig* ne plus bouger − **12 rester scotché, e sur qc** *fam* regarder qc et être fasciné, ne plus pouvoir bouger les yeux − **19 signé, e** avec une signature (Unterschrift) − **20 une enveloppe** (Brief-)Umschlag − **20 saisir** prendre − **20 amorcer un départ** se préparer à partir − **21 un assisté** *ici* : qn qui vit de l'aide sociale − **23 gêner qn** jdn stören − **24 la conscience** Gewissen − **25 être capable de faire qc** pouvoir faire qc − **26 une contrainte** le fait de devoir faire qc − **27 se tromper** sich täuschen − **28 être prêt à faire qc** bereit sein, etw zu tun − **28 prendre qn à l'essai** jdn zur Probe einstellen − **29 parier** wetten

1. *Vrai, faux ou pas dans le texte ? Cochez la bonne réponse. Justifiez votre choix avec la/les ligne/s du texte.*

   (_____ / 9)

		vrai	faux	on ne sait pas	justification : ligne
a)	Normalement, Philippe dort très longtemps.	☐	☐	☐	
b)	Il faut au moins 120 minutes pour préparer Philippe pour la journée.	☐	☐	☐	
c)	Beaucoup d'auxiliaires restent seulement une semaine chez Philippe.	☐	☐	☐	
d)	Driss est le septième auxiliaire de Philippe.	☐	☐	☐	
e)	Driss ne comprend pas pourquoi Yvonne lui montre la maison.	☐	☐	☐	
f)	Yvonne a un baby-phone pour communiquer.	☐	☐	☐	
g)	Driss a l'intention de partir très vite.	☐	☐	☐	
h)	Driss pense que la proposition de Philippe de rester comme auxiliaire est une blague.	☐	☐	☐	
i)	Yvonne pense que Driss est un bon candidat pour le travail d'auxiliaire.	☐	☐	☐	

2. *Expliquez pourquoi Driss « reste scotché sur la magnifique baignoire ». (_____ / 2)*

3. *Philippe dit que Driss vit sur le dos des autres parce que ... (_____ / 2)*

4. *Driss pense que Philippe vit sur le dos des autres parce que ...(_____ / 2*

5. *Cochez : Philippe pense que ... (_____ / 1)*

   ☐ Driss va partir dans un mois.

   ☐ Driss ne va pas rester plus que 15 jours.

   ☐ Driss va rester une journée pour réfléchir.

6. *Souvenez-vous de la scène du film qui correspond à l'extrait de scénario. (_____ / 2)*

   Quel style de musique entend-on ? _____

   Qui aime cette musique ? _____

7. *Le dialogue des personnes est écrit en français familier. Donnez-en deux exemples différents (___ / 2)*

II. *Production écrite ((_____/4 /_____/6) x 2 = _____ / 20)*
Quelles sont les pensées de Driss après la conversation avec Philippe ? Écrivez son monologue intérieur, dans lequel il réfléchit à ce qu'il doit faire maintenant (avec, au total, quatre arguments pour et contre la proposition de Philippe).

au total : _____ / 40

© Ernst Klett Sprachen GmbH, Stuttgart 2013 | www.klett.de | Alle Rechte vorbehalten
Kopieren für den eigenen Unterrichtsgebrauch gestattet.
ISBN 978-3-12-598438-7

Schriftliche Prüfung (Niveau 2)

Voici un extrait du livre « Tu as changé ma vie … » d'Abdel Sellou qui a inspiré le personnage de Driss dans « Intouchables ».

Monsieur Pozzo donne régulièrement des conférences assommantes face à des étudiants des grandes écoles de commerce et là aussi, je l'accompagne. Il leur parle de « la brutalité des capitalistes », de « l'asservissement des salariés ou de leur exclusion », de « crises financières contre lesquelles les États sont impuissants et qui conduisent les salariés à plus de misère ». Il tutoie la masse des étudiants qui l'écoutent pour mieux atteindre chacun d'eux. J'ai calé son fauteuil sur l'estrade face à des blancs-becs de vingt ans en costume-cravate, je me suis posé sur une chaise à côté, la tête calée contre un mur, je ne l'écoute pas. Il m'assomme, je somnole. Mais de temps en temps, une phrase-choc, prononcée avec plus de conviction que les autres, me réveille.

– L'éthique c'est ton éthique, et l'action c'est ton action. C'est au fond de toi, dans ton intériorité, dans ton mystère, dans son silence, que tu trouves l'Autre […].

Là, je me dis qu'il sait de quoi il parle. De quel silence, de quelle intériorité. De quel Autre. J'en suis un. Avant son accident, quand il était tout-puissant, quand il baignait dans le Pommery comme ma mère dans l'huile d'arachide, est-ce qu'il m'aurait seulement regardé ? Si je m'étais invité à une fête organisée par son insupportable gamine, je serais sûrement reparti avec l'ordinateur portable. Aujourd'hui, quand elle invite des petits merdeux de son espèce, c'est moi qui assure le service de sécurité.

Le grand sage immobile, esprit flottant au-dessus de sa misérable enveloppe charnelle, être supérieur délivré de la chair et des besoins terre à terre, en ajoute encore une couche :

– C'est après avoir trouvé l'Autre que ton regard et ton action dans la société vont s'organiser.

Franchement, il y croit ? Les gamins qu'il a en face de lui ne pensent déjà qu'à se bouffer les uns les autres […] ! Il faudrait que tous les grands patrons se viandent en parapente pour « trouver l'Autre » et respecter davantage les gens tels qu'ils sont …D'accord, il faudrait peut-être aussi que les types de mon genre cessent de voler au ras des pâquerettes. Comme dit monsieur Pozzo, il faut ajouter aux mots solidarité, sérénité, fraternité et respect, le mot « humilité ». J'entends bien, mais moi, je suis le meilleur. C'est testé, prouvé, validé par le boss dix fois par jour. Alors l'humilité … Je me rendors.

Abdel Sellou : Tu as changé ma vie. Édition Michel Lafon, 2012 (p. 247–249)

1 assommant, e très ennuyeux,euse / qui donne envie de dormir – **3 un asservissement** le fait de devenir esclave – **3 un salarié** un employé – **4 impuissant, e** sans pouvoir – **5 tutoyer qn** dire « tu, toi » à qn – **5 caler** fixer – **6 une estrade** Podest – **6 un blanc-bec** Grünschnabel – **8 somnoler** dormir à moitié – **11 l'intériorité** *f* das Innerste – **13 le Pommery** un champagne que l'entreprise de Philippe a produit – **14 l'huile d'arachide** *f* Erdnussöl – **15 la gamine** *fam ici* : la fille – **16 un petit merdeux** *fam* Rotzlöffel – **18 un sage** qn qui sait beaucoup de choses – **18 charnel, le** de son corps (körperlich) – **19 délivré, e** erlöst – **19 la chair** Fleisch – **21 se bouffer** *fam* se manger – **22 se viander** avoir un accident – **24 cesser** arrêter – **24 voler au ras des pâquerettes** vivre dans la *médiocrité* (Mittelmäßigkeit) sans faire d'effort d'améliorer sa situation – **25 la sérénité** Heiterkeit – **26 l'humilité** *f* Demut – **27 se rendormir** recommencer à dormir

1. *Résumez le contenu du texte en deux à trois phrases.*

2. *Selon Abdel, quels changements y a-t-il dans le comportement et les attitudes de Philippe et de lui-même (grâce à l'accident et leur relation) ?*

3. *Pourquoi Philippe s'adresse-t-il avec son message à des étudiants des grandes écoles de commerce ?*

4. *Caractérisez l'image qu'Abdel a de Philippe en vous appuyant sur les noms qu'il donne à Philippe et à lui-même.*

5. *« Il faudrait que tous les grands patrons se viandent en parapente pour 'trouver l'Autre' et respecter davantage les gens tels qu'ils sont … » – Que pensez-vous de cette affirmation ?*

Mündliche Prüfung

a) Monologischer Teil

1. *« Le film 'Intouchables' [...] raconte avec brio et humour la relation qui s'établit entre deux individus souffrant d'un handicap, l'un social, l'autre physique. » (Tous intouchables, p.7)*
   Expliquez et commentez cette affirmation.

2. *Dans son autobiographie, Abdel Sellou écrit : « Le film a enjolivé la vérité, pour faire rêver. » (Abdel Sellou : Tu as changé ma vie, p.16). Expliquez et commentez cette affirmation.*

3. *Pour la suite de son autobiographie, Philippe Pozzo di Borgo a choisi le titre « Diable gardien » (en référence au mot « ange gardien » = Schutzengel). Expliquez pourquoi ce titre correspond bien au personnage d'Abdel / Driss.*

4. *Expliquez pourquoi le film « Intouchables » a tant de succès.*

5. *Faudrait-il voir le film « Intouchables » à l'école ?*

6. *Comparez Philippe et Driss au début et à la fin de l'histoire.*

7. *Quel rôle Magalie, l'assistante aux cheveux roux, joue-t-elle dans le film ?*

b) Dialogischer Teil

élève A	élève B
Avec ton ami(e), tu as regardé le film « Intouchables » au cinéma et tu l'as beaucoup aimé (contrairement à ton amie(e)). En sortant, vous discutez de ce film.	Avec ton ami(e), tu as regardé le film « Intouchables » au cinéma et tu ne l'as pas du tout aimé (contrairement à ton ami(e)). En sortant, vous discutez de ce film.
élève A Tu es Philippe. Deux ans après le départ de Driss, tu le rencontres de nouveau. Vous vous rappelez le temps passé ensemble : Qu'est-ce que vous avez fait ? Comment est-ce que vous avez changé grâce à l'autre ? Et tu lui racontes ce qui s'est passé après son départ.	élève B Tu es Driss. Deux ans après ton départ de chez Philippe, tu le rencontres de nouveau. Vous vous rappelez le temps passé ensemble : Qu'est-ce que vous avez fait ? Comment est-ce que vous avez changé grâce à l'autre ? Et tu lui racontes ce qui s'est passé après ton départ.
élève A Tu es un(e) employé(e) de Philippe et tu parles à un(e) autre employé(e) quelques mois après l'arrivée de Driss. Tu trouves bien que Driss soit là, à cause de son caractère et de ce qu'il fait pour Philippe (contrairement à ton interlocuteur (= Gesprächspartner)). Discutez si Driss devrait partir.	élève B Tu es un(e) employé(e) de Philippe et tu parles à un(e) autre employé(e) quelques mois après l'arrivée de Driss. Tu trouves très mauvais que Driss soit là, à cause de son caractère et son comportement (contrairement à ton interlocuteur (= Gesprächspartner)). Discutez si Driss devrait partir.